成功している人は、どこの神社に行くのか？

八木龍平
Ph.D. RYUHEI YAGI

サンマーク出版

なかった

秘密が

明かされる！

誰も知ら

「神社」の

JINJA

ふたたび、

本当に満ちているものは、空っぽに見えて、
その働きには限界がない。（中略）清らかで静かな
ものこそが、この世を動かしているのだ。

（『老子』第45章より抜粋）

プロローグ
いまこそ、神社の裏の裏を知って成功しよう！

成功したければ、「神さまの知恵」をダウンロードせよ！

この本を手にとってくださって、ありがとうございます。

あなたは、自分の意志で〝手にとった〟と思っているでしょうけど、じつは超すご腕の営業マンに「うまくのせられた」のです。

〝神さま〟という名の営業マンに。

そう、あなたはスカウトされたのです。この世をさらによくする「事を成す」人材として。

さて。はじめに、本書を手にとってくださったあなたに、お伝えしたいことがあります。

「神社は、ただの建物、ただの風景じゃない」ということです。

ご先祖さまたちがつくってきたたくさんの「見えない知恵」が、神社にあります。

それはビジネス、政治、アート、伝統芸能、学問、武道などの「洗練された知恵」であり、お金、健康、恋愛、結婚などの「生活の知恵」です。

「古代」から受け継がれてきた「和の叡智《えいち》」です。その目に見えない知恵こそ、「神さまの知恵」であり「神さまの宝」。

神さまの知恵をダウンロードした人が、「成功」します。

「成功」すなわち「功を成す」とは、誰かの願いをかなえることです。

この本でこれからお伝えしていきますが、**誰かの願いをかなえる「お役目」を果たしつづけた人こそ、「成功者」と呼ばれるのです。**

そんなふうに成功した人は、「充実した、おもしろい人生」を歩み出します。

そして、神さまの知恵は、誰でもダウンロードできるのです。

「それ、何か特別な人だけなんじゃないの？」

「神社に行っているけど、別に何もないんですけど!?」

そうお思いになる方も当然いらっしゃるでしょうが……。

できます！　**誰でも参拝できる場所ですから、誰でもできるのです。**

前作を読んで神社に行った人に、おどろきの変化続々！

申し遅れました。僕は、以前『成功している人は、なぜ神社に行くのか？』という本を書いたリュウ博士こと八木龍平と申します。

データを集めて統計分析をする「科学者」であり、見えないものを感じることができる「霊能者」でもあるという立場で、神社について書かせていただきました。

おかげさまで、前作は神社本として異例の26万部を超える大ベストセラーに！　これもひとえに、僕が天才だからですね‼　……すみません、調子に乗りました。
読者の皆々さまのおかげです。心より感謝しています。
そしておそらくは、神社の神さまのおかげです。神恩感謝。

たくさんの読者の方から、さまざまなうれしい声をいただきました。
親子で読んでくださるのは、個人的にうれしかった。小学生の読者もいたのですよ。
ちなみに、前作の読者の方々には、
「国会議員に復活した」「本を出版し、3万部以上売れてベストセラー作家になった」
「大学院博士課程に合格した」「半年間連絡のつかなかった息子と連絡がとれた」……
など、さまざまな変化のあった方が多数いました。
そして、なんと**年収1億円を超えた人も、僕が知るかぎり3名います。**
また、特別な変化はなくとも、**神社参拝の仕組みを知ることで、毎日がより充実し**
ていると多くの方からご報告いただいています。

僕自身、本を出した後、**独身主義者だったのに結婚するという大きな変化がありま**

した。

妻とは、お互いの著書を読んだのをきっかけに出会い、そして結婚することになったのです。

妻は僕の前作を読み、「そういえば、私がこれまで住んだ場所の近くには、いつもスサノオさんがいた！」と気づいて、号泣したそうです。引っ越しを重ねた妻の家の近くには、スサノオノミコトという神さまを祭る神社がいつも存在しました。

「私を見守ってくれる神さまがいる！」

そう気づくことは、人生にどれほどの力を与えてくれることでしょう。

前作では、天下人や有名な経営者が神社に熱心に参拝したことを取り上げました。そのため「神さまの知恵をダウンロードとか、えらい人だけの話でしょ。私には関係ない」と思った方もいるかもしれません。

しかし、神社は日本の7割以上の人が訪れる場所。**えらい人、すごい人だけのものではありません！**

神さまの知恵をダウンロードできるのは、何も「成功している人」だけではありません。

神社の「システム」さえわかってしまえば、誰でもダウンロードできます。

本書では、これから成功したい人、そして充実した人生を過ごしたいすべての人に向けて、神社というシステムの活用法を前作以上にお伝えすべく書いています。

1200人の統計データを活用し、神社システムの裏の裏まで解説!

もちろん、神さまの知恵をダウンロードするといっても、よくわからない人がたくさんいらっしゃることでしょう。

これからくわしく本書でお話ししますが、あなたが「素直に感じること」で、神さまとコミュニケーションし、神さまの知恵がダウンロードされます。

ある神社の宮司さまは、**「神道は、感じる宗教」**と言います。

言葉であまり説明しないのが日本神道。

神さまとのコミュニケーションも、人間の会話のような言葉では行なわれないものです。神さまは、あなたの「感性」を通じて、その知恵をあなたに「直接」伝えてくれます。

だから、思考を止めて、**心静かに神社参拝をしましょう。**

自分の肌感覚や体内の感覚を意識し、神さまのエネルギーを感じるのです。

そうやって自分の「感覚」を十分に研ぎ澄ましていれば、神さまの知恵が必ずダウンロードされます。

「ダウンロードできているのかな？」と心配になる人もいるでしょうけど、大丈夫。

あなたはすでに、神さまの知恵をダウンロードしています。

自覚はされていないかもしれませんが、本書を手にとるような方なら、神社に参拝し、そこで神さまの知恵をダウンロードしてきたはずです。

そしてそのことを自覚すれば、もっと有効に神社を活用できるでしょう。

あなたの実生活にさらに神社を活《い》かせるよう、**今回、新たに１２００人の方に調査**

をしました。

この1200人の統計データも活用して、神社システムの裏の裏まで解説しました。

西野カナさんの名曲「トリセツ」は、「女ごころ」の取り扱い説明書でしたが、本書は「神社と神さま」の取り扱い説明書。

「あなたの幸せ」「周りの幸せ」に、神社がどう関係するのか、本書を読みすすめていただくと、その「トリセツ」をしっかりご理解いただけることでしょう。

いまの時代だからこそ、伝えなければいけないことがある

神社のトリセツを理解し、神さまの知恵を意図的にダウンロードするようになると、日々の生活や仕事がどんどん充実します。

偶然の出会い、思いがけないラッキー、うれしいご縁がやってきます。

あなたの人生だけでなく、あなたの周りの大事な人たちの人生まで好転します。

なぜ、そう言いきれるのか?

そして、**いま、なぜ神社についてこんなにもお伝えしているのか?**

神社は古代より、ありました。いまさら、あらためて何を伝える必要があるのか不思議に思う方もいるでしょう。

じつは、**いま正にこの時代だからこそ、神社についてお伝えしなくてはいけないことがある**のです。

もともと神社は、有力氏族のためのものでした。

天皇家を始め、藤原氏や源氏、徳川氏など、有力な「家」はこぞって自分たちの神社を建てました。**神さまとは、特定の「家」「一族」の守護神だった**のです。

明治時代になり、国家神道の名のもと、神社は「日本国」のためのものとなりました。

神さまの役割は、「家」「一族」の守護から、**「日本」の守護に変わったのです。**

そして第2次世界大戦で日本が敗北した後、**神さまは「個人」の守護神になりました。**

それまで神社の神さまとは、国や一族といった共同体のものでした。

しかしアメリカが日本を占領した結果、アメリカ的な「個人主義」が日本に広まり、神社は個人の開運を願う場所に変わったのです。

そして「いま」。アメリカでは、トランプ大統領というアメリカの政治的な伝統を「受け継がない」指導者が誕生しました。アメリカの占領政策は、神社を個人のための場としましたが、もはやそんなことはアメリカにとって「どうでもいいこと」でしょう。

戦後70年以上がたち、神社をどういう場にするか、日本人の立場から見ると「フリーハンド」になったのです。

参拝客の多くを日本人以外が占めるようになった有名神社もあります。

神社の役割、神さまの役割について、いま新たな意味を構築するときなのです。

新たな意味を構築するのは誰でしょうか？　それは「僕たち」です。

時代は変わりました。現代は、中央集権国家がすべてを決める時代ではありません。

これからは、神社にお勤めの方々、そして参拝客ひとり一人が、自分たちの中で、「神社」と「神さま」の役割を、あらためて発見し、理解していくことでしょう。

本書をお読みいただくことで、みなさまひとり一人が、神社とご自身との関わりを見つめ直す機会になればと願っております。

1章では神社システムの基本的な仕組みと、その具体的な活用法を、
2章ではこれからの「お金と神社」の話を、
3章では「神社と心の成長や心身の健康」の関係について、
4章では神社を通じた「目に見えない世界」との上手な付き合い方をお伝えします。
各章のテーマに合わせて、どこの神社に行けばいいかもご紹介しました。
神社システムのトリセツをマスターし、さらに素晴らしい人生にしていきましょう！

どうぞお楽しみください。

成功している人は、どこの神社に行くのか？《目次》

折り込み付録
リュウ博士の日本地図でひと目でわかる！
本書で紹介するおすすめ神社「全都道府県一覧」

プロローグ
いまこそ、神社の裏の裏を知って成功しよう！

1章 たしかな「結果」をもたらす！ 神社システム活用法

2章 神社参拝をして「金運」が上がる仕組み

3章

神社に行くと「心」と「体」がどう変わるのか?

4章

潜在能力を解放する「目に見えない世界」との上手な付き合い方

装丁／本文デザイン：冨澤崇（EBranch）
装丁／本文イラスト：Shu-Thang Grafix
図版・地図編集／DTP：J-ART
本文294-305ページイラスト：和全（Studio Wazen）
しおり：太陽 ©Roxana-Fotolia／
月 ©magann-Fotolia／海 ©Stanislav-Fotolia
編集協力：株式会社ぷれす
編集：金子尚美（サンマーク出版）

1章

chapter one

たしかな「結果」をもたらす!
神社システム活用法

⑩《長野県・長野市》戸隠神社（66ページ）
⑮《埼玉県・秩父市》三峯神社（82ページ）
③《東京都・千代田区》日枝神社（45ページ）
⑭《東京都・港区》日比谷神社（78ページ）
⑦《静岡県・三島市》三嶋大社（57ページ）
※番号は登場順を示します

リュウ博士の

日本地図でひと目でわかる!

全国主要おすすめ神社①

「結果編」

この1章で紹介する「結果」を出せる人になるためにおすすめの神社はここだ!

⑧《愛知県・名古屋市》熱田神宮・摂社／一之御前神社（61ページ）

⑫《滋賀県・大津市》佐久奈度神社（78ページ）

⑯《和歌山県・伊都郡》丹生都比売神社（88ページ）

⑥《広島県・廿日市市》厳島神社（57ページ）

⑬《山口県・山口市》山口大神宮（78ページ）

⑪《福岡県・福岡市》筥崎宮（71ページ）

④《鹿児島県・霧島市》霧島神宮（50ページ）

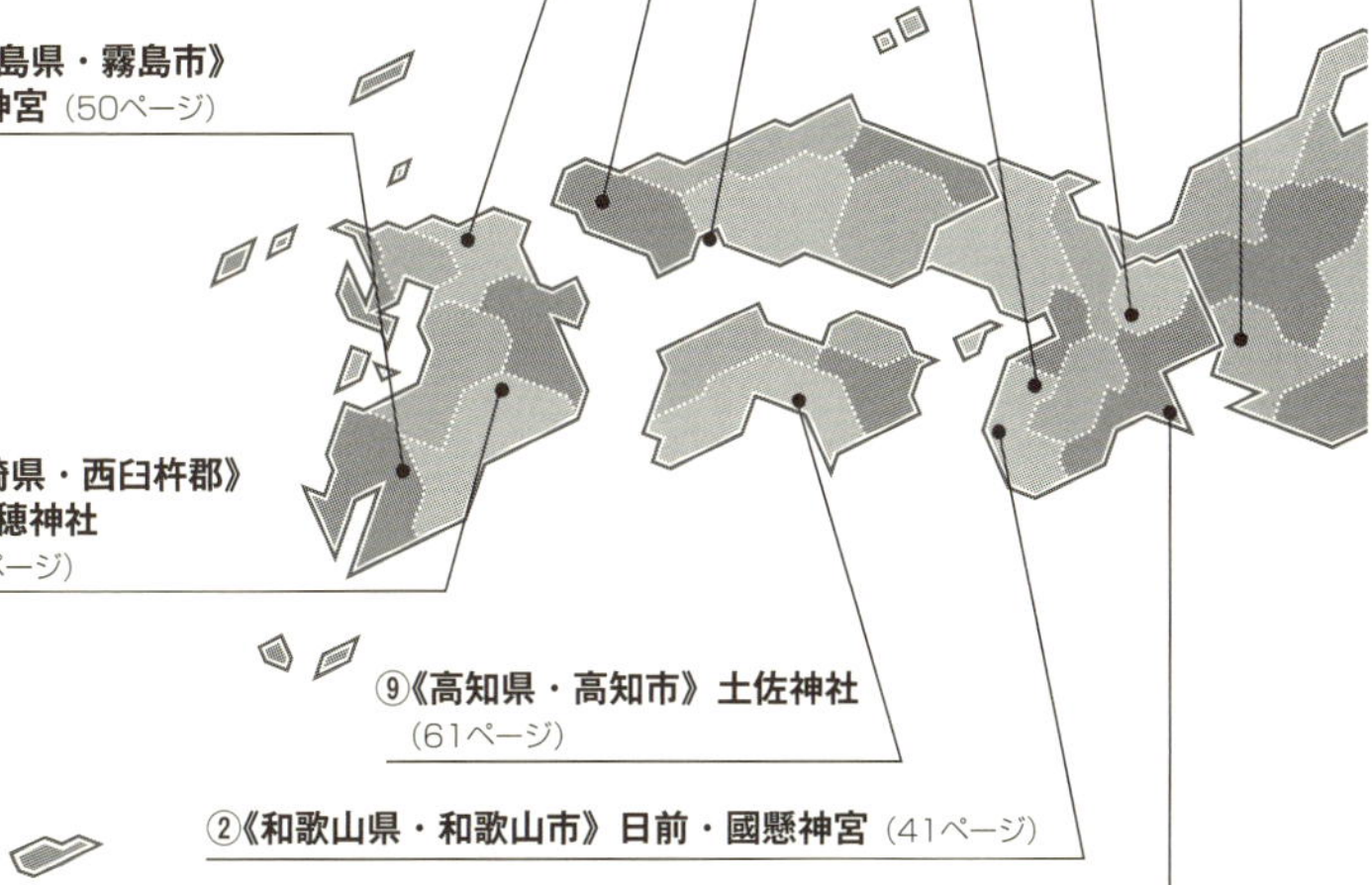

⑤《宮崎県・西臼杵郡》高千穂神社（51ページ）

⑨《高知県・高知市》土佐神社（61ページ）

②《和歌山県・和歌山市》日前・國懸神宮（41ページ）

①《三重県・志摩市》伊雑宮（35ページ）

自分の本当の願いを見つける方法

「あなたは自分の本当の願いを知っていますか？」

自分探しをしている人も多いいまの世の中、真剣に問われると、これほど返答につまる言葉も少ないでしょう。たまたま耳にした関係のない人まで、どきっとします。まじめな自分探し中の人なら、愛想笑いをうっすらうかべて、こう答えるのでは。

「私、自分でも何をしたいか、よくわからないです……」

なぜ、わからないのでしょうか？
どうすれば、本当の願いがわかるようになるのでしょうか？
そのヒントは「感じ」にあります。

いい感じ、イヤな感じに敏感になることです。楽しいか、つまらないか、かぎわけることです。

「どうせ、こんなもの」と思っていると、「感じるセンサー」は、どんどん鈍感になっていきます。本当の願いが、どんどんわからなくなっていきます。

本当の願いに気づくための「感じるセンサー」を磨く場所。それが神社です。

これは、神社界のある重鎮からお聞きした話です。

伊勢神宮に、他の宗教を信仰・指導する外国人の方々をお連れしたら、その方々は、こう言われたとか。「ここには神さまがいます！」と。

そのエピソードを紹介した後、神社界の重鎮はこう言われました。

「神道は、感じる宗教なのです」と。

これ以上の言葉での説明はありません。説明すると、それは、かえって真実から遠ざかってしまうのでしょう。

日本神道では「言挙げせず」とよく言います。

「言挙げ」とは、自分の意志をはっきりと「言葉」に出して言うこと。
それを「せず」ですから、「口に出しては言わない」ということ。**世の真理は、こうなのですと言わない。普通の宗教と違うところです。**

あなたが「感じたこと」。
それこそが真理であり、あなたや私が口に出すと違うものになってしまう。
神社は、そんな「感じるセンサー」をやしなう場なのです。

バイアスまみれの僕らが神社に参拝すると、どうなるのか？

だから神社に参拝して、感じてください。以上。

なんて言うと、本書が終わってしまうので（！）、不肖・リュウ博士こと八木龍平、真実から離れることを恐れず、まだまだ書きつづけます（笑）。

他の宗教の方が、伊勢神宮で神を感じると言いました。

でも、伊勢神宮に、その宗教の神さまが祭られているわけはなく、逆にその宗教の神さまが伊勢神宮（内宮《ないぐう》）のご祭神アマテラスオオミカミ（アマテラス）だったわけでもありません。

伊勢神宮で、「私にとっての」「神聖な何か」を感じた。ただそれだけなのです。

これ以上説明すると、誤った思い込み「バイアス」が出てきます。

このバイアスから離れて、あなたや私の純粋な「感じ」を「取り戻す」ことが、神社参拝の大きな意義であり目的なのです。

この**「感じ」を取り戻すだけで、人生はどんどんよくなります。**

ノーベル経済学賞を受賞したダニエル・カーネマン氏は、**ごく普通の人間の思考にはエラーが入り込みやすいことを証明しました。**人間は間違った判断をしやすく、その理由は多くの思い込み、「バイアス」にもとづいて判断するからだと。

バイアスは、人生経験を積めば積むほど増えます。大人は「あー、そんなのこういうことだよ！」とすぐにジャッジしがちですが、それは、おおむね間違いなのですね。

僕が言っているんじゃないですよ！

カーネマン氏が言っていることですからね！（笑）

たとえば、絵の模写をする場合、対象を上下逆さまにするとうまく描けます。

模写の対象が人物など見慣れた形のものだと、「それはこういうものだ」という自分の思い込みを中心に描いて、下手な模写になります。

しかし上下逆さまにすると、見慣れない形になり、バイアスのスイッチが強制OFFになります。結果、ちゃんと対象を見るようになり、うまく模写できるのです。

バイアスを少なくして、子どものように、初々しい新人のように、素直でいれば、判断のクオリティが上がるわけですね。


素直とはシンプルに、よいをよいと感じ、イヤをイヤと感じる状態。

バイアスが入り込むと、「よい！」と体の細胞は反応しているのにイヤだなと思ったり、「イヤ！」と体は反応しているのに「よい」と思ったりしがちです。

神社に参拝することで、バイアスまみれの「感じるセンサー」が純粋に機能するようになるでしょう。

特に、**中心的な役割の神社は、自分の中心にある「感じ」を取り戻してくれます。**

その代表はやはり伊勢神宮でしょう。

ですが、あまりに有名なため参拝客がたくさんいらっしゃるので、ちょっと落ち着きません。

そこで三重県・志摩市の**伊雑宮《いざわのみや》に足を延ばすことをおすすめします。**

伊雑宮は、近鉄上之郷駅から徒歩3分とアクセスのよい場所にあります。ですが、伊勢神宮の内宮から車で50分ほどと、少々距離があるためか参拝客が少なく静かです。伊勢神宮のあの清々しくも、おごそかな空気感を、伊雑宮でも味わうことができます。素直に感じるセンサーを「伊勢」で取り戻しましょう。

社会心理学者の僕がたどりついた「神さまの正体」

そもそも、神社の「神さま」とは、どういう存在なのでしょうか?

学校で教わるわけでもなく、調べようにも怪しい世界ですよね(笑)。

このような本を書いていると、もともと僕が小さい頃から神社に親しんでいたと思われるかもしれません。しかし実際は違います。

なにせ、**カトリックの幼稚園に通い、中学から大学はクリスチャンの学校に通っていました。**

神社は、初詣で親に連れて行かれるだけの場所でした。大混雑の中「なんで、こんなところに来ないといけないのや」と内心ぼやいている不信心者でしたね。

大学時代はＦＰ（ファイナンシャルプランナー）の資格を取り、卒業後は情報通信産業の会社でシステムエンジニアをしていました。

大学院では、おもに社会心理学の研究をし、それは大学院の修了後、メーカーの研究員になってからも続きました。**コンピュータシステムを利用する人の心理を統計データなどで分析していたのです。**神さまや宗教、いまでいうスピリチュアルなことは否定はしないけど、「自分には関係ないもの」。そんな見えない「あやふや」な世界よりは、コツコツと事実を積み上げる客観的で合理的なスタンスを大事にしていました。

そんな神社とはご縁のうすかった僕が、どうして神社のことをお伝えしているかというと、神社に「システム」を見出《みいだ》したからです。

神社は、誰かがデザインしたシステムなのだと。

次ページの図をご覧ください。神社の構造を、ごくカンタンに図解したものです。

本殿には、ご神体が安置されています。拝殿は、本殿のご神体に祈りをささげるた

神社の基本的なつくり

めの建物です。

この図を読み解くには、２つのポイントがあります。

「参道とは、じつは産道であること」

「ご神体とは、鏡であること」

この２つです。参道を歩くことは、産道を戻って生まれる前の自分に還《かえ》ること。

つまり、**生まれてから身につけた、誤った思い込みである「バイアス」を祓《はら》うプロセスなのです。**

そしてバイアスを祓って、祓って、祓い切った「素直な私」になって、拝殿にてご神体の鏡に祈りをささげます。このとき、鏡にうつるのは誰でしょうか？

それは「素直な私」です。

ご神体は、神さまが宿るモノ。神さまそのものではありません。

「ご神体＝ご身体（しんたい）」に宿る神さまとは、「素直な私」「この体に宿る〝知

的な空気〟としての私」なのです。

肉体の私は、この世の鏡にうつして確認することができます。

しかし、「神さまとしての私」は目に見えない霊的な「何か」なので、神社に参拝し、「感じて」確認するわけです。

そして、もうひとつ読み取れることがあります。

鏡にうつる人は、私だけじゃありません。

神さまとは、「素直な私」であり、「素直な他の参拝客」です。

神さまとは、僕たち全員の「素直な祈り」の集合体なのです。

神さまである私やあなたに気づくこと。それが神社のシステムなのですね。

そんな「素直な私」をうつす、神社の鏡をつくった神さまがいます。

「イシコリドメノミコト」といいます。

イシコリドメノミコトは、三種の神器のひとつで伊勢神宮・内宮のご神体「八咫《やたの》鏡《かがみ》」と、そして八咫鏡に先立って「日像鏡《ひがたのかがみ》」「日矛鏡《ひぼこのかがみ》」をつくりました。

この「日像鏡」と「日矛鏡」をご神体とするのが、**伊勢神宮と同等の力をもついわれる和歌山県・和歌山市の日前《ひのくま》・國懸《くにかかす》神《じん》宮《ぐう》**です。

ひとつの境内に日前神宮と國懸神宮という2つの神社があります。

日前神宮の神さまであるヒノクマノオオカミは、アマテラスオオミカミの別名とされ、伊勢神宮と日前・國懸神宮だけは、朝廷から正一位などの地位・階級を授けられない別格の神社としてあつかわれてきました。

いわばもうひとつの伊勢神宮なのです。

日前・國懸神宮への参拝は、「神さまとしての私」「この世に生まれる前の魂としての自分」を思い出すのに、もっともよい機会になることでしょう。

神さまとかけて、松岡修造さんと解く。その心は……?

参拝客全員の素直な祈りこそ、神さまの正体だと、ご理解いただけたことでしょう。

これでもう宗教の勧誘が来たら、こう答えられます。

「あなたは、神を信じますか?」

「はい、神は私です。そして私は私を信じます」と(笑)。

これは冗談ではなく、日本の神道とは**「あなたの中の神さまを思い出してください。そして、その導きに従って、幸せになってください」**という、ただ、シンプルにそれだけの宗教なのです。

さて、ここでひとつ不思議に思うかもしれません。

「神さまが私やみんなだとして、神さまの名前っていっぱいあるよね。天神さまとか八幡《はちまん》さまとかお稲荷《いなり》さんとか。そういう個々の神さまはどう理解すればいいの？」と。女性の神さまもいれば男性の神さまもいます。性別のない神さまもいます。

これら**個々の神さまは、「いろいろな私、さまざまな自分」**だと、僕は解釈しています。

イタリアの精神科医ロベルト・アサジオリが提唱した「サイコシンセシス」という心理学の一分野に、サブパーソナリティ（副人格）という用語があります。

これは自分の中のいろいろな自分のこと。あたかもひとりの人格のように、声の調子や考え方、姿勢や言葉づかいなどに特定のパターンをもちます。

個々の神さまは、このサブパーソナリティであり、象徴的なキャラクターのひとつだととらえると、理解がしやすくなるでしょう。

たとえば元プロテニスプレイヤーでスポーツ解説者の「松岡修造さん」を思い出してください。熱血キャラの象徴である松岡修造さんは、声が大きくてハリがあり、常にポジティブで、ジェスチャーが大きく、「あきらめるな！」「絶対にできる！」などと口にするという「特定のパターン」があります。

象徴的なキャラは神格化しやすいようで、**松岡修造さんは時に神さまあつかいされています。**ちょっとインターネット検索しただけでも、「応援の神さま」「太陽神」「松岡天満宮」などが出てきます。

そんな松岡修造さんのような熱血キャラのサブパーソナリティが、あなたや、周りの人の中にもありませんか？

ふだんはそんなキャラじゃなくとも、心の底のどこかに潜んでいるかもしれません。あるいは、職業や役割でサブパーソナリティをとらえることもできます。先生を職業とする人は、「先生！」と呼ばれる状況では、それらしいふるまいになります。「○○先生」というキャラになるわけです。

同じ人でも、親として、夫や妻として、息子や娘として、彼氏や彼女として、学校の生徒としてなど、立場や役割に応じて思考・行動のパターンが自然と変わります。**サブパーソナリティとは、私の中にある、そんな個々の象徴的なキャラなのです。**

個々の神さまをサブパーソナリティととらえると、**どの神社・神さまに参拝するかで、あらわれる「素直な私」が変わります。**

たくさんある私の中の、どの私がご神体の鏡にうつるか、うつす角度によって変わるのです。女性的な私もいれば、男性的な私もいる。神秘的で中性的な私もいます。**いろいろな神社に参拝することで、私の中のいろいろな側面のバイアスが取り去られるのです。**

日本神話には、松岡修造さんのようなキャラの立った神さまたちがたくさん登場します。

その神さまたちそれぞれのキャラを知ることは、人類がもつ共通のサブパーソナリティを知ることにもなるでしょう。

ちなみに**松岡修造さんが子どもの頃からよくお詣《まい》りされているのが、東京都・千代田区永田町の日枝《ひえ》神社**です。

江戸城の守護神で、首相官邸そばにある日枝神社の神さまは、国家中枢を守る最強のボディガード。松岡修造さんのように、日本を背負って活躍したい人は、ぜひ訪れるとよい神社です。

前作で伝えそこなった!?「神さまの知恵」の本質

ここで、「神さまの知恵とは、いったい何か?」という、その本質をお伝えします。

なぜ神社に参拝すると、たしかな結果をもたらすのか?

神さまの知恵をダウンロードって、いったい何をダウンロードするのか?

前作で、神社に関して、ある衝撃を受けた学術論文があったと書きました。

その論文のタイトルは『「地域風土」への移動途上接触が「地域愛着」に及ぼす影響に関する研究』。この一般的には小難しすぎる論文のメッセージはすごくシンプルでした。

それは**「神社は、愛を生む」**ということ。

「神社・仏閣」がある地域では、ない地域に比べて、人は地域に愛着をもちやすいという結論でした。これは統計データが語る真実です。

さらに社会心理学や産業心理学の知見をひもとくと、

【知る】→【愛する】→【貢献する】→【パフォーマンスが向上する】

の因果関係があることもお伝えしました。

もし僕たちが何かを愛したら、その何かに貢献しようという意欲が高まり、貢献しようという意欲が高まれば、僕たちのパフォーマンスが向上し、よりよい結果が出ます。

神社に参拝することで、この社会への「愛」が生まれ、社会に貢献しようという意欲が高まるならば、よりよい結果が出るということです。

つまり、神社に参拝すると、結果が変わる。成功する可能性が高まる。

このことに気づいたからこそ、さきほどの学術論文を読んで衝撃を受けたのです。

しかしながら、前作でお伝えしそこなった「重大な発見」がありました。

これこそ、「神さまの知恵」の本質です。

けっして、ワザとお伝えしなかったわけではありません。次回作のネタにとっておこうとか、本当にこれっぽっちも考えていませんでした。

神に誓って真実です（かえってウソくさいですかね・笑）。

「神さまの知恵」とははたして何でしょうか⁉

ポイントは【知る】→【愛する】です。

人が地域に愛着をもつ原因は、**地域をポジティブに「知る」**からです。

何かを好意的に知れば知るほど、その何かを愛するようになるのは、どなたでも納得できることでしょう。地域であれば、住民と交流をもち、住民の人柄を知り親切だと感じることが、地域を愛し、社会との一体感を抱く原因となります。

ということは、神社に参拝すると、それが起こるということになります。

神社に参拝すると、住民の人柄を知るのです。人柄を知り、この人たちは親切で、一緒にいて安全だと知るのです。【知る】→【愛する】に従うと、そうなります。

ピンときましたでしょうか？

「神社に参拝すると、その神社に参拝している人の、ポジティブな何かを知ることができる」のです。

僕たちは神社に参拝することで、他の参拝客の「何か」を知ります。

その「何か」とはポジティブなことであり、その人の親切で安全な部分です。

もし僕が、ある神社に参拝し、翌日にあなたが、そのある神社に参拝すれば、あなたは僕の中の「何かポジティブなこと」を知ることになります。たとえ知り合いじゃなくとも、です。

いったい神社に参拝すると、何を知るのでしょうか？

それは僕たちが神社で何をしているのか考えると、推測できます。

「祈って」いますね。「願って」いますね。

僕たちは、神社という場を通じて、その祈り・願いを共有しているのです。**僕たちは神社で「他者の祈り・願いをダウンロード」する**のです。

正確には、「お祓い」された祈り・願いを、「無意識に」ダウンロードします。

「神さまの知恵」とは、「お祓い」された人々の祈り・願いなのです。

僕たちは、神社に参拝すると、「神さまの知恵」すなわち「他者の素直な祈り・願い」を、無意識に「知る」ことになります。

これが、**神社参拝で結果が変わる原因、神社システムを活用する重要ポイントです。**

ぜひ心にとどめてください。

この神社のシステムをいったい誰がデザインしたのかわかりませんが、国家としての日本は、高千穂から始まりました。アマテラスオオミカミの孫ニニギノミコトが、地上を統治すべく降臨した場所です。

その**高千穂の神社といえば、鹿児島県・霧島市の霧島神宮。**特に霧島神宮から約8

キロ離れた高千穂峰登山道入口にある、1234年の噴火で消失した霧島神宮の古宮《ふるみや》址《あと》は、自然の力みなぎる聖地です。

ニニギノミコト降臨伝説の地はもう1か所あり、宮崎県西臼杵《うすき》郡高千穂町です。絶景の地として有名な高千穂峡があり、高千穂神社を始め神話の里にふさわしい美しい神社が集まっています。

神社に参拝したら、結果が大きく変わった話①「営業ナンバーワンになった」

神社に参拝すると、神さまの知恵である「お祓いした他者の祈り・願い」がダウンロードされます。すると、結果が変わる。たしかな結果をもたらします。この具体例をあげましょう。

これはある営業ウーマンの話です。教育産業の会社にお勤めの方でした。

あまり営業成績はよくありませんでした。

営業成績を上げようと思ったら、通常どうしたらいいでしょうか？　とにかく件数をまわる、話し方を学ぶ、営業の達人の真似《まね》をするなどでしょうか。

しかし、彼女はある意外な方法で、ナンバーワンになりました。

彼女は、**担当エリアのお宅を訪問する前に、そのエリアの神社に参拝するようにしたのです。**

すると、営業成績がぐんぐん伸びていきました。


なぜだか、わかりますでしょうか？

担当エリアの神社に参拝することで、担当エリアに住む人たちの「祈り・願い」を知ったからです。

ビジネス用語に翻訳すると、**神社に参拝することで、「顧客ニーズを知る」ことになった**のです。

もちろん「顧客ニーズを知る」といっても、具体的な何か、たとえば中学2年の息子の英語の成績を上げたい、というようなことを知ったわけではありません。

ただ、「無意識」のうちに、「何事かを知った」のです。顧客である地域住民の無意識を、神社に参拝することで、いつの間にか共有したのです。

そして、

【知る】↓【愛する】↓【貢献する】↓【パフォーマンスが向上する】

です。

顧客を知ることで、顧客を愛する気持ちが高まり、顧客を愛することで、顧客に貢献したいという意欲が高まった。すると、パフォーマンス、この場合は「営業成績」が向上した。

もし本気になって自分に貢献してくれようとする営業の人がいたら、それは顧客にとっても、うれしいですよね。商品を買うなら、この人から買おうと思うでしょう。

この営業ウーマンは、顧客を愛することで、顧客に愛され、そしてトップセールスになったのでした。そしてそのきっかけをつくったのが、神社参拝なのです。

神社に参拝したら、結果が大きく変わった話②「練習せずとも武道の達人に」

次に別の事例「技の上達」についてお話ししましょう。

ある武道家の話です。仮にMさんとしましょう。

Mさんは合気道の師範でしたが、ある出来事がきっかけで3年間、合気道の稽古をしませんでした。代わりに何をしていたかというと、全国各地の神社に参拝していたのです。

なぜそんなことをされたかはさておき、その後3年ぶりに他の師範たちとの稽古の場に出られたときのことです。

「3年も稽古してないいし、他の人たちに、やられちゃうだろうな」と思われていたMさんでしたが、意外なことに、逆に、**他の師範たちがおどろくほど大きくレベルアップしていました。**

そのあまりの上達ぶりに「Mさん！　いったいどんな稽古をされたのですか？」と、他の師範たちは、熱心に質問してきます。

Mさんはこう答えるしかありませんでした。「神社に参拝していました」と。

武道を上達させるには、技の練習や体力トレーニングにはげむのが通常でしょう。

しかし、師範クラスの上級者になると、なかなか上達しません。一般的な技術やトレーニング方法は、ほぼ知っているし、実践しています。

そこから、さらに上達して、達人になるには、「言葉にできない究極のコツ」がきっとあるのでしょう。合気道のように「氣」をあつかう武道であれば、なおさら、説明しにくい秘けつがあるはずです。

この「言葉にできない究極のコツ」「説明しにくい秘けつ」は、哲学の用語で「暗《あん》黙《もく》知《ち》」といいます。言語化できない知恵のことです。

この暗黙知、いったいどうやったら身につくでしょうか。他の人に伝えられるのでしょうか。

その方法のひとつが、「神社参拝」なのです。**神社に参拝すると、「達人の暗黙知」をダウンロードできます。**

Mさんは多くの神社を参拝することで、いつの間にか、合気道の暗黙知をダウンロードしていたのでしょう。

なにせ合気道は、開祖の植芝盛平が日本の神々や龍神からのご神示を受けて、神人合一（神と人が一体になる）の武道としてつくられたもの。茨城県笠間市に合氣神社という神社が建てられたほど、神さまと関係が深い武道です。

植芝盛平やその弟子たちの祈り・願いは、きっと多くの神社にアップロードされてきたことでしょう。そして、その祈り・願いは、合気道に精通するMさんだからこそ、ダウンロードできたのです。優れた暗黙知が受け継がれたのです。

優秀な営業になる。武道の達人になる。

このまったく分野の違う2つの事例に共通するのは、神社参拝でした。

神社には、一般の地域住民から、歴史に名を残す偉人たちまで、多くの人の素直な祈り・願いがアップロードされています。

たとえば**広島県・廿日市市《はつかいち》の厳島《いつくしま》神社**は、平清盛を始め、源頼朝、北条政子（静岡県・三島市の三嶋大社境内に分霊を迎える）、足利尊氏、大内義隆、毛利元就、豊臣秀吉、徳川将軍家、伊藤博文など、**歴代の権力者から厚い信仰**を受けました。

祈り・願いには、素朴な願いから、優れた暗黙知まであります。

神社に参拝することで、その願いや暗黙知は、「時代を超えて」参拝客にダウンロードされるのです。

本当の願いに気づく「祈り方」の技術

大事なことを補足します。

僕たちは神社で「他者の祈り・願いをダウンロード」すると申し上げました。

そして、もうひとつ重要ポイントがありました。

それは、**僕たちは神社で「私の祈り・願いをアップロード」している**ということ。

お祓いをした私の「素直な祈り・願い」をです。

素直な祈り・願いって何なのでしょうか?

効果的な祈り方の事例をご紹介しましょう。

絵本やビジネス書でベストセラーを連発する、**お笑いコンビ・キングコングの西野**

亮廣さんは、毎朝神社に参拝しているそうです。
その様子を、こうブログにつづっておられました。以下、引用しますね。

ちなみに僕は毎朝神社に通っている。賽銭を投げて、手を合わせて、頭の中でブツブツ言っているのは、「『革命のファンファーレ』がたくさんの人に届きますように」という『お願い』ではなく、「『革命のファンファーレ』は、こうで、こうで、こうすれば、たくさんの人に届きます」という『プレゼン』だ。日課でプレゼンをしているので、必要ない文章は削られていくし、必要ある文章は膨らむ。いつ、誰に、何を質問されても、「これは、こうで、こうで、こうですよ」と、寄り道することなく説明できる状態でいる。

（２０１７年10月10日「キングコング西野　公式ブログ」より）

『革命のファンファーレ』とは、西野さんが書いたビジネス書で、見事ベストセラーになりました。
西野さんは、どれだけ忙しくても毎朝、必ず神社にお詣りに行くとのこと。

たまにしか行かなかったときは、「お願い事」ばかりだったそうですが、毎日通うことが当たり前になると現状報告とお礼が中心になったそうです。

その現状報告が「プレゼン」なのですね。

西野さんが考える神社参拝のメリットは、頭の中が整理されること。毎朝参拝することで、実現したいことについて考える時間が物理的に増えるからです。

自分を振り返る学びのツールとして、神社を大いに活用されている事例です。

祈りとは、意宣《いの》り。

意志を宣言することであり、自分との誓い・約束です。

西野さんのように、毎日自分の意志を宣言しつづけると、自分の願いを神社に毎日アップロードすることになります。自分の本当の願いが何なのか、毎日見つめ直すことになります。

そんな毎日を続ければ、いつの間にか、飛躍的に成長していることでしょう。

願いをかなえるのは、まず自分自身。その自分の「自力・地力」を高めるのに、神

社参拝は役立つのです。

自力・地力を高める神社といえば、「剣」をお祭りする神社をおすすめします。

たとえば、三種の神器のひとつ**草薙剣《くさなぎのつるぎ》をお祭りする愛知県・名古屋市の熱田神宮**は、源頼朝、徳川家康という2人の天下人が、幼少時代に過ごした地にあります。

特に、**本宮の裏手にある一之御前神社《いちのみさきじんじゃ》にはぜひご参拝ください。**アマテラスオオミカミの荒々しい魂をお祭りするお社で、自力・地力を高めるのにピッタリの神社ですよ。

「剣」をお祭りする神社というと、高知県・高知市の土佐神社もおすすめです。

草薙剣は668年、熱田神宮より盗まれます。取り戻した後、しばらく宮中に置かれ、686年、また熱田神宮に返されました。

この間の675年、土佐神社より神刀が天皇に献上されました。

この神刀がどうなったのか、もちろん僕は知るよしもありません。ただ、高知市民の豪快さや気の強さを見るに、自力・地力を高めるのに土佐神社はピッタリですね。

「願い事」と「願いをかなえる人」のマッチング

さて、アップロードしたら、次はダウンロードです。

願いをかなえるのは、まず自分自身。

「自力・地力」を高めるのに神社参拝は役立つと申し上げました。とはいえ、願いをかなえるには、自力だけでは実現できません。

その**願いが大きくなればなるほど、多くの他者の協力「他力」が必要**です。

その「他力」を得る方法は、直接的にはありません。「は⁈」って思いましたか。

でもないのですよ。すみません（笑）。

直接はないのですが、間接的にはあります。

それは「私がその他力になること」です。

僕たちは神社で「他者の祈り・願いをダウンロード」すると申し上げました。

何のためにダウンロードするのでしょうか？

それは、「他者の願いを、あなたがかなえるため」です。神社で願い事をするのは、一般的には「神さまが願いをかなえてくれる」という素朴な信仰ですよね。

その**「願いをかなえる神さま」に、あなたがなるのです。**

「神さま、世のため人のため、どうぞ私をお使いください」と祈ってみましょう。

きれいごとすぎますかね。

でも、誰かの願いをかなえることも、あなたの「お役目」なのです。

「私でお役に立てるんですかね？」と思う人もいるでしょう。はい、お役に立てます。

ちょうどよい「お役目」がまわってくるのです。

たとえば、こんな方がいました。

都内で、ある神社に参拝していると、「ふと」こんなことを思いました。

「○○さんに、お金をあげたい！」

謎な願望ですよね（笑）。通常なら無視するのかもしれませんが、その方は「自分に素直」な人でした。

その○○さんに、LINEでメッセージを送ったのです。

「神社に参拝していたら、あなたにお金をあげたい！　って思ったのだけど」

そうしたら、○○さんから返事が来ました。「ちょうどいま、お金に困っている」と。

○○さんは北海道の方なのですが、突然思い立って東京に旅行に来て、そしてなんと、帰る旅費を十分に持っていなかったのです。○○さんにしてみれば、うれしいミラクルですよね。

お金を借りて、無事○○さんは北海道に帰りました。

これは、**神社を通じて、「願い事」と「願いをかなえる人」のマッチングが行なわれた**のです。

ひとつの神社内、あるいはつながりのある別の神社との間には、人々の「祈り・願い情報」を共有するネットワークができています。
これを僕は**「神社インターネット」**と名づけています。

もちろん、誰かの願いをかなえるだけではありません。
誰かがあなたの願いをかなえることもあります。
あなたが誰かの他力になり、誰かがあなたの他力になる。
あなたが誰かの神さまになり、誰かがあなたの神さまになる。
神社インターネットが、人々の間をうまく調整してくれます。

さきほど、Mさんの実例でご紹介しましたが、合気道の暗默知は、合気道の道を追求する人に受け継がれます。そして暗默知だけでなく、その**調整機能も、「神さまの知恵」**なのです。

「神さまの知恵」といえば、日本を代表する知恵の神さまがいます。
オモイカネノカミ（思金神）です。神話では、アマテラスオオミカミが天岩戸にお隠れになったときに、ふたたびお出ましいただくための対策を講じられました。

その**知恵の神さまオモイカネノカミをお祭りするのが、長野県・長野市の戸隠神社**です。

戸隠神社には、奥社（本社）、九頭龍社、中社、火之御子社、宝光社と5つの社があり、オモイカネノカミは「中社」にお祭りされています。


僕はよく「どこがおすすめの神社ですか？」と質問されますが、たいてい戸隠神社とお答えしています。初心者から神社通まで誰でも楽しめるからです。

神社の中には、あまり人が訪れない秘密のパワースポットがよくあります。

しかし、ここ戸隠神社は、みなさんと同じように参拝していれば、肝心な場所はほぼカバーできます。奥社、九頭龍社の雄大な自然には誰しもおどろきと神々しさを感じますし、中社のおみくじはご祈禱《きとう》までしてくれます。付近には、おいしいお蕎麦《そば》のお店もたくさんあります。

一生に一度は、ご参拝されることをおすすめいたします。

図解！　夢を「かなえ合う」神社システム

神社で、「祈り・願い情報」を共有する仕組みを図にしました（68ページ）。

お伝えしてきましたように、僕たちは神社で見えないデータの「発信」と「受信」をしています。

発信がアップロード、受信がダウンロードです。

参拝客が「発信」するのは、この世で実現したいこと。すなわち「自分の願い事」です。「自分の意志」です。

茶道の献茶式、武道の奉納演武、音楽の奉納演奏なども、神社での発信です。

「○○道」は、「技」「型」「精神」などを創造し、継承しますよね。

神社で、「祈り・願い情報」を共有する仕組み

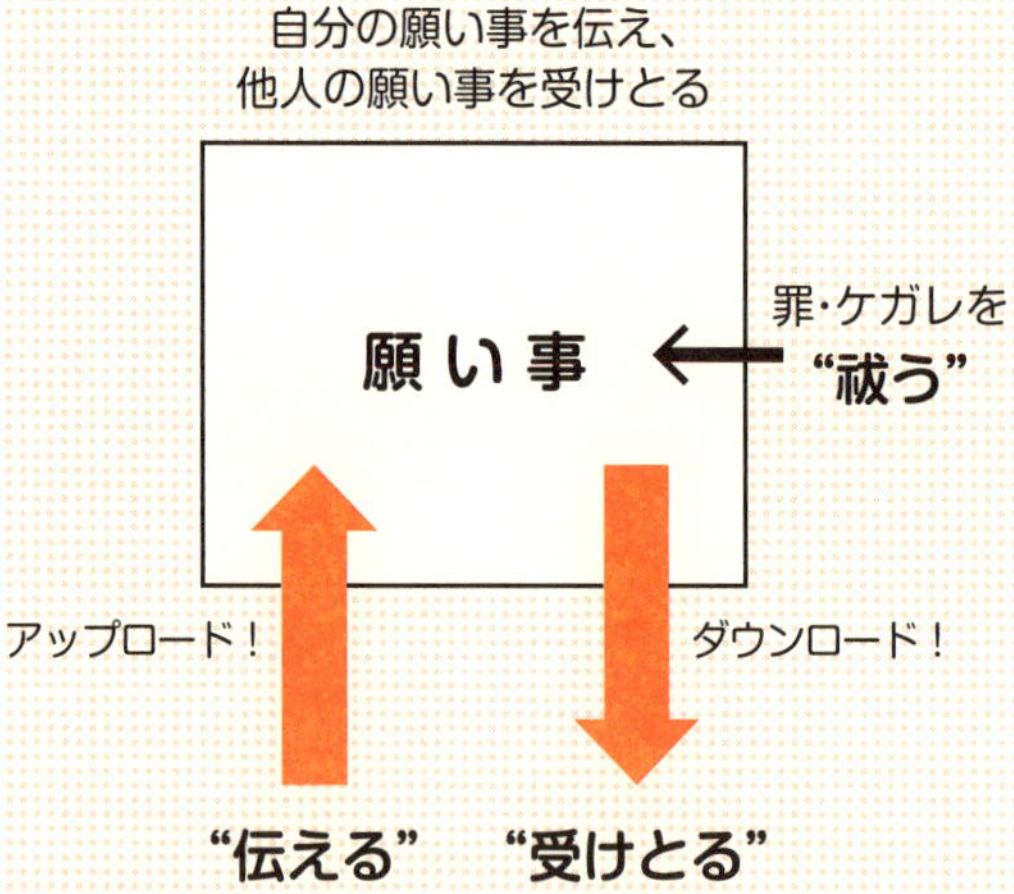

その「技」「型」「精神」の中で、**言葉にできない優れた知恵「暗黙知」は、「神さまに奉納」という名目でパフォーマンスすることで、神社にアップロードできる**のです。

この「奉納された暗黙知」は、お祓いされ「神さまの知恵」となって、他者へ伝えられます。

神社に見えない形で保管することで、「後の世代」へ受け継ぐこともできます。**時代を超えた「知恵の継承」が、神社という場で行なわれる**わけですね。

「受信」するのは、他の参拝客の願い事です。

他の参拝客の願い事を、「無意識に」ダウンロードするのです。

どのような願いを受けとるのでしょうか。**他者の願い事を受けとる3つのパターン**があります。

ひとつめは、あなたがかなえられること。

他者が願ったことの中で、「あなただったら」かなえられることです。

2つめは、あなたの願いを実現するために必要な、他者の願い事。

たとえば、あなたが医者になって病いの人を助けると誓ったとします。それはすなわち、「病いの苦しみから救われたい」という他者の願いをかなえることです。

あるいは、あなたが摂食障害の人を支援するカウンセラーになると誓ったら、「摂食障害で苦しいので助けてほしい」という他者の願いをかなえることが、あなたの願いの実現でもありますよね。

成功すなわち「功を成す」とは、誰かの願いをかなえることです。

誰かの願いをかなえる「お役目」を果たし続けた人こそ、「成功者」と呼ばれることでしょう。

そして、3つめは、他人の願いを受けとる「スキマ」があること。

スキマとは、余裕、ゆとり、ゆっくりとした動作から生まれる「間《ま》」。

このスキマに、神さまのエネルギーが入ってきます。お役目を授かり、神さまの知恵がダウンロードされます。

「受けとる」ためには、受けとる「空きスペース」が必要ということですね。

先人の知恵を託される場合、「私がつちかったこの技術、この知恵を、後世の適切な人に託したい！　継承したい！」という誰かの願いが神社に奉納され、あなたがその「適切な人」であれば、その知恵がダウンロードされます。

合気道の暗黙知が、合気道の道を追求する人に受け継がれたように。

願い事を「実際に」かなえるのは人間です。自分自身と他人です。

自分ひとりでできることは、限られていますよね。

願い事のスケールが大きくなるほど、多くの他者の協力が必要です。

神社を通じて、**僕たちはお互いの夢をかなえ合っている**ということに気づきましょう。お互い意識していなくとも、知らず知らずに協力し合っているのです。

あなたの家族、仲間、きずなを深め合いたい人たちと一緒に参拝するとよいですよ。

集団で参拝する神社といえば、福岡県・福岡市の筥崎宮《はこざきぐう》は、プロ野球の福岡ソフトバンクホークス、プロサッカーのアビスパ福岡、プロバスケットボールのライジングゼファー福岡などが必勝祈願で毎年参拝に訪れています。

鎌倉時代、モンゴル帝国と高麗王国が日本に侵攻した「元寇《げんこう》」の際、筥崎宮で必勝祈願したところ、いわゆる「神風」が吹いたとされます。以来、**厄除《やくよ》け・勝運の神社として有名**になりました。

共通の目的をもつ人たちと参拝するのに、筥崎宮はおすすめですよ。

お祓いをしてくれる「神拝詞」

次に、神社の重要な機能である「祓い」についてお伝えしましょう。

あなたが伝えた自分の願い事、あなたが受けとる他人の願い事、そのどちらも「神社」がもつ場の力によって、「お祓い」がなされています。

神社にはたくさんのお祓いのしかけがあります。

鳥居をくぐること、参道を歩くこと、参道の玉砂利をふみしめたときの音、手を洗い口をすすぐこと、お社の前で鈴を鳴らすこと、おさいせんを払うこと、そして祈ること。

拝殿で**祈るときに、僕はいつもお祓いの言葉を唱えます。**神拝詞《となえことば》といいます。

「はらえたまい　きよめたまえ
かむながら
まもりたまい　さきわえたまえ」

この言葉が書かれた板が、おさいせん箱の後ろなどにあるのをたまに見かけますね。

僕自身がお祈りするときは、**住所と氏名（○○から参りました△△です）、神社に参拝できたことへの感謝（参拝させていただき、誠にありがとうございます）、そしてこの神拝詞**です。

「何も意志を宣言しないのですか？」と問われそうですが、

「はらえたまい　きよめたまえ
かむながら
まもりたまい　さきわえたまえ」

を宣言しています。これは、「祓ってください。清めてください。神さまのお導きで守ってください。幸せにしてください」という意味。

ようするに、**神さまに丸投げしています。**「依存だ！」って、しっかり者の人たちから怒られそうですね（笑）。

僕はぜんぶ「お任せ」しているのです。神さまのよいようにやってくださいと。

「適切にマッチング・調整してくれる」と神社インターネットを信頼しているのです。

具体的に宣言したのは、あとでお伝えするたったひとつだけ。

「ふだんはお祓いだけしていればいい」というのが僕の考え方です。

お祓いして、あとはお任せ。**お祓いすると、「素直な自分」があらわれます。**

その「素直な自分」がアップロードされる。素直な自分の素直な思いが、「無意識

おさいせん箱の周辺にある神拝詞

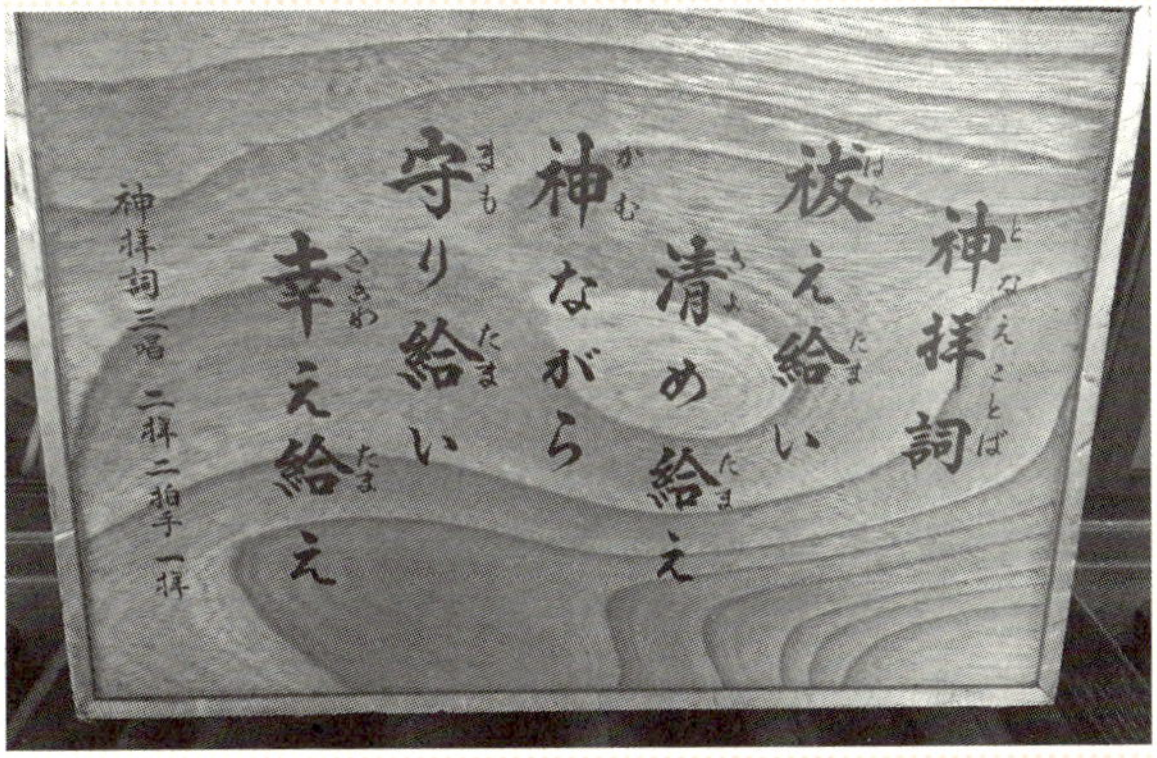
神拝詞《となえことば》
祓《はら》え給《たま》い
清《きよ》め給《たま》え
神《かむ》ながら
守《まも》り給《たま》い
幸《さきわ》え給《たま》え
神拝詞三唱　二拝二拍手　一拝

に」神さまに伝わるでしょう。

お祓いすると、なぜ運がよくなるのか？

素直な思いが何なのか、いまの自分にはなかなかわからないものでしょう。

でも、わからないままでもいいのです。

「はらえたまい　きよめたまえ～」と神拝詞を唱えることで、自分の誤った思い込み「バイアス」をお祓いし、**自分でもわからない素直な思いが、神さまに無意識のうちに伝わる仕組み**なのです。

だから、あなたが受けとる他人の願い事も、神社でお祓いされています。

その願い事に込められた「素直な思い」がダウンロードされます。

つまり、神社での願い事は、自分が願ったままの言葉が神さまに伝わったり、他人が願ったままの言葉を受けとったりするとは限りません。

お祓いされた言葉が神さまに伝わり、お祓いされた言葉を受けとるのです。

この伝わり・受けとることは、多くは知らぬ間に無意識のうちに行なわれます。

ただ、「風」とか「氣の流れ」という形で、「あ、何か神さまとコミュニケーションしているぞ！」と気づくことはありますけどね。

そして「お祓い」を実現するのが、神社に奉職する神職さん・巫女《みこ》さん。

神職さん・巫女さんたちによるご神事や、おそうじなど日々のお勤めにより、僕たちの祈り・願いは、お祓いされ、素直になります。

お祓いすると運がよくなる。それは素直になるからです。

素直な気持ちが神さまに伝わり、そして神さまを通じてみんなに伝わるから。

自分自身も素直な気持ちになって、生きることができるから。

素直な自分を実現するのが、神社の「お祓い」の力なのですね。

そう思うと、僕は、神さまにだけでなく、その「お祓い」を実現してくれる神職さんや巫女さんにも感謝する気持ちでいっぱいになります。

お祓いといえば、祓戸《はらえど》の神さま。特にセオリツヒメ（瀬織津姫）が近年さらに有名になりました。

セオリツヒメをお祭りする神社といえば、滋賀県・大津市の佐久奈度《さくなど》神社が代表的でしょう。セオリツヒメだけでなく、ハヤアキツヒメ、イブキドヌシ、ハヤサスラヒメという「お祓い」を行なう四柱の神さまがお祭りされています。

他にセオリツヒメをお祭りする神社といえば、**山口県・山口市の山口大神宮、東京都・港区の日比谷神社**などです。

西のお伊勢さまと呼ばれる山口大神宮では、セオリツヒメがアマテラスオオミカミの荒魂と同一の神さまとして、お祭りされています。

「お祓い」は神道の根っこ。

神社ブーム、パワースポットブームともいわれる昨今、その根っこを支える神さまセオリツヒメに注目が集まるのは、必然の流れなのかもしれませんね。

成功者や経営者が神社を好きな理由

「ふだんはお祓いだけしていればいい」とさきほど申し上げました。

ただ、具体的に宣言したこともありました。

「ベストセラーを出します！」と僕は神社で誓ったのです。

「ここぞ！」というときには、神社であなたの決意をお伝えするとよいでしょう。

神さまは、あなたのその決意・決断を「後押し」してくれます。

「祈り」とは、もともとは「意宣り」。自らの意志を神さまの前で宣言する決意表明であり、自分との誓い・約束です。

経営コンサルタント業を営むH社長は、「祈り」は「意宣り」だと知り、経営者としてビジネスマンとして、神社参拝の意義を理解しました。

神社は、依存心から参拝するのではなく、より主体的に生きるために参拝する場所なのだと知って、感動したのです。それ以来街中で神社を見かけては参拝し、手を合わせるとのこと。

H社長は手を合わせて祈るときに、言葉がしっくりくるまで胸の内を確認します。自分の目標を具体的に言語化できる方なので、その目標達成を誓うのですが、祈っていて「何かしっくりこない」と感じるときもあるそう。

そんなときは、手を合わせながら、どんな言葉ならぴたっとくるか、その胸の内を探るそうです。**しっくりこないということは、「その目標はズレている」ということ。**

手を合わせながら、あるいは境内を散策しながら、適切な目標を探るのです。

いわば、**神さまと目標設定をしている**わけですね。

神社で、自分の心と対話し、これから何をしたらよいか、見つめ直すのです。

ビジネスマンの多くは、上司と定期的に目標設定をします。これから半年・1年と、何を目標に仕事をするか決めるのです。


成功者や経営者と呼ばれる人には、神社好きが多いです。

これはけっして偶然ではなく、成功者や経営者には上司がいません。たとえいても、もはやあれこれと指図する存在ではない。自分で決めなきゃいけない立場なのです。

そんな人は、いったい誰と目標設定をすればよいでしょうか？

自分自身しかいません。しかし自問自答だけでは煮詰まるし、苦しい。かといって誰にも相談できない。

そこで神社の出番です。神社には、神さまがいます。神さまとしての自分自身です。

神さまの自分と対話し、これから自分は何をしたらいいのか、目標を決めます。

神社に参拝するまでは迷っていていい。むしろ、迷っているからこそ、参拝したくなるでしょう。

そして神社の中で祈り、鳥居の外に出るときには、もう迷いはありません。

H社長曰《いわ》く、「こうなったら、うまくいって当然だ」と。

神社に参拝することで、自分が何をしたらいいか、心の底から、迷いなく決められたのだから、それは成功する可能性が高くなるということです。

やると決めたらやれるのが、一流の経営者、一流のビジネスマン。

ただ、迷いを断って、決められるかどうかが問題です。

未来の選択に正解はひとつだけではありません。うまくいく保証もありません。本当にやっていいのか、人間ならば迷いが出るのが当然でしょう。

そこで神社で神さまと目標を決めて、その迷いを断つのです。

僕も「会社を辞め、神社の本を出す」と決断するときは、迷いました。

そのとき、助けを求めたのが**埼玉県・秩父《ちち ぶ》市の三峯《みつ みね》神社**です。

三峯神社は、**極真空手の創始者・大山倍達氏ら道を極めようとする者が真剣に参拝**

した厳しさを備えた神社です。
はるか高みを目指す者のための厳しさを備えた神社だからこそ、「迷いを断って、決める力」を高めてくれるでしょう。

強力な「感謝」の力は、あなたにどんな変化を与えるのか？

キングコング・西野さんの事例で、「お願いでなくプレゼンをしている」「毎日通うことが当たり前になると現状報告とお礼が中心」と紹介しました。
このお礼が感謝です。
「感謝」はかなり強力な祈りの言葉です。
僕自身、神社でご祈禱・ご祈願を受けるときは、「神恩感謝」がいちばん多いです。

「神恩感謝」とは、「神さまのご恩に感謝します」という意味。ご祈禱・ご祈願のときに、「厄除け」や「合格祈願」などのように選択することができます。

「感謝しましょう！」と説教がましいことを言うつもりはありません。

感謝すると何がどう変化するか、お伝えします。

感謝の気持ちが「自然と」あふれると、**胸の中央が、熱くなったり、すーっと風が吹いて胸が開いたような感覚になったりします。**それは、「受けとれる量」がぐぐっと拡大したのです。

そこは、お役目やご利益を受けとる器です。

感謝するほど、「受けとる器」が広がります。より「器の大きい人」になるわけですね。

そして、「いま」が充実します。

じつは、これはチャクラの知識と、そして見えない「氣」を僕自身が感じる中で体験的にわかったことですが、**人間の体は時制と対応していて、頭部は「未来」、下腹**

部は「過去」です。

ということは、胸の中央は「現在」ですね。

「現在」＝「いま」が充実すると、「幸福感」を味わいます。

感謝するほど、幸せ体質になるのです。

感謝すればするほど、あなたの人間としての器が拡大し、お役目やご利益を受けとれる量が増え、「いま」が充実し、幸せ体質になっていく。

神さまに感謝の意志を宣言するということは、起こったことに「ＯＫサイン」を出すことになります。

「これでいいよ、十分に学んだよ、次のステージに進んでいいよ」と、自分の中の神さまに伝えたことになります。

そうすると、あなたの器が拡大し、次のステージのお役目を受けとります。

感謝することで、いまのステージに「区切り」がつき、次のステージが始まるのです。

感謝していないと、区切りがつかず、次のステージのお役目を受けとるための器の拡大も起きないわけですね。

もちろん、感謝だけでなく、怒ったこと、悲しかったこと、苦しかったことなど、ネガティブな感情も、それはそれでよくて、感じたことは素直に表現して大丈夫です。

神さまにウソや取りつくろいは通じません。だって神さまは素の自分ですから(笑)。


感謝は、単にお礼を言えばいいのではなく、**起こった出来事を振り返り、そこから学びを得ることが、区切りをつけ、次のステージに進む大事なポイントです。**

これは難しいことではなく、自分の感情をただ素直に認めるのが基本です。

「あー、いま自分はこんな感情を味わっているなあ」と、ただただ感じます。

「こういうことを思ってはいけない!」というジャッジは必要ありません。

自動的に幸せ体質になれるツール「合掌」

感謝について聞くと、「感謝しなければっ！」と義務感におそわれるかもしれません。

感謝できない自分を責める人もいるかもしれない。

しかし、その必要はまったくありません。それより素の状態を感じることです。

自動的に感謝できるツールをお教えします（笑）。

おのずと感謝でき、幸せ体質になるひとつの方法。それは、「合掌」です。

ただ手を合わせること。これが自動的に感謝できるツールです。

手を合わせれば、胸の中央が開いて、受けとる器のフタが開きます。

心静かに手を合わせる時間をもつほど、受けとるセンスが発達し、「いま」が充実し、幸せ体質になります。わいてきた感情は、見つめ、認め、受けいれ、流します。

極論をいうと、ただ手を合わせていればいい。

それだけで「いま」を幸せに生きることができるでしょう。

感謝の動作「合掌」は、神社よりむしろ「お寺」の方が身につきます。

たとえば、人生で一度は「高野山」に行かれてはどうですか。弘法大師・空海が密教の道場として開いた聖地で、真言宗総本山の金剛峯寺《こんごうぶじ》があります。

厳しい道場の空気にふれると、「合掌」の知恵もおのずとダウンロードできるでしょう。

この高野山の守護神が、**和歌山県・伊都郡かつらぎ町の丹生都比売《にうつひめ》神社です。**

ご祭神の丹生都比売大神は、空海に高野山を授けた女神さま。

密教の道場を求める空海の前に、丹生都比売大神のお子で、同じくご祭神の高野御子大神があらわれ、高野山へと導いたといわれます。

素直になる、利他に生きる

ここまで神さまの知恵をダウンロードすること、神社システムを活用する方法について、おもに仕組みの面からお話ししてきました。

どのような印象をもたれたでしょうか。

自分の利益だけを考えて、神社を利用しているように思われたかもしれません。

ここである心理実験を紹介します。

その心理実験の結論は、**「直感的な行動は利他的」になり、「論理的な行動は利己的」になる**というものでした。

オランダのラドバウド大学のデクスターハウス博士らは、「よく考えると、好みが一定せずブレる」ことを明らかにしました。
もともとよく考える傾向のある人は好みがブレる傾向があり、すぐに判断する人は好みが安定していることも示しました。

アメリカのハーバード大学のランド博士らは、お金を渡された人が、どれくらいの金額を寄付するか観察しました。

その結果、**決断が早い人は寄付にまわした金額が多く、よく考える人は自分の利益を優先する傾向が見られました。**

さらに、判断が遅い人に早く判断するように言うと、寄付にまわす金額が増えました。

脳科学者で東京大学の池谷裕二教授は、
「直感的に判断すると好みが一定し、しかも他人に利する行動をとる。一方、一歩踏みとどまって考えると、自分の内なる声に正直でなくなり、しかも利己的になる」と解説しています。

直感的に判断するとは、瞬間的に「これっ！」「こうする！」と決めること。そこに理屈はありません。ただ「ふと」感じて、そうしたということですね。

「好みが一定する」とありますけれど、これは、心理実験や池谷教授の話から脱線しますが、**好みが一定すると「影響力」が高まります。**

政治学の話ですが、主義主張にブレがない人ほど、政治的な影響力が高まる傾向にあります。

郵政民営化を20年以上にわたって唱えつづけて、強い影響力を発揮し総理大臣になった小泉純一郎元首相はわかりやすい例でしょう。

考えずに感じて行動する人ほど、影響力が増し、そして「利他的」になる。

直感・感覚に従って生きれば生きるほど、自分の利益ではなく、他人の利益のために行動するようになるわけです。

同時に、その首尾一貫した好みの追求により、どんどん実力・パワーをつけていくのです。

逆に、考えれば考えるほど、論理・理屈を並べれば並べるほど、利己的、すなわち自分の利益ばかり追求する自分勝手な人になる傾向があるわけですね。

そして好みがブレるので、影響力はいつまでも増しません。

考えることをできるだけ停止し、直感・感覚に素直になるための場所が、神社なのです。

神社に参拝すればするほど、素直な私になり、他人の利益のために行動し、影響力を高めていくわけですね。

ただ、思考を停止し直感・感覚に素直になる方法は、神社参拝だけではありません。

たとえば、街を掃除する。皿洗い、トイレ掃除などもそうです。

どれも「単純な行動を長時間することで、思考を停止させる」効果があります。

神社参拝や街の掃除により、「直感的に判断する」ようになり、利他的な「よい人」

になる傾向があるわけです。

そう言われて、素直に神社参拝や掃除をする人は、どれくらいいるでしょうか。

やはり、一歩踏みとどまって考える方も多いのでは？

反論の理屈も思いつくでしょう。

しかし、その考え・理屈は自分勝手なものかもしれません。

もちろん、正当な理屈かもしれませんが、本当にそうなのか、一度、疑ってみる必要はあるでしょう。


ひとつ注意が必要なのは、「直感・感覚」に従うことと、「短絡的な思考」は違うということです。

短絡的思考とは、短気でせっかちな思考です。短気でせっかちな思考では、自分勝手な利己的ふるまいで周りの評判は悪くなり、自分が得するために必要な計算も不足しているので自分も損をします。


もうひとつ注意が必要なのは、短絡的な思考を働かせて「利他」をやると、自分が滅びる「自己犠牲」になることです。

直感に任せると、「利他」というより、正確には「利全員」になります。自分と他人を区別しなくなるからです。他人にも自分にもやさしくなります。

「考えるな、感じろ」（映画『燃えよドラゴン』でブルース・リー演じる主人公の有名なセリフ）を本当に実践していくことが大事ですね。

そのためのアプローチとして、本書では神社参拝を提案しているのです。

Chapter two

2章

神社参拝をして「金運」が上がる仕組み

⑫《秋田県・秋田市》与次郎稲荷神社（148ページ）
⑬《宮城県・岩沼市》竹駒神社（152ページ）
①《山梨県・富士吉田市》
新屋山神社・奥宮（101ページ）
⑤《山梨県・富士吉田市》
北口本宮冨士浅間神社（123ページ）
⑦《東京都・世田谷区》北澤八幡神社（126ページ）
③《神奈川県・藤沢市》江島神社（118ページ）
⑩《神奈川県・足柄下郡》
深沢銭洗弁財天
（139ページ）
※番号は登場順を示します

リュウ博士の

日本地図でひと目でわかる!

全国主要おすすめ神社②

「金運編」

（番外編「結婚・恋愛」付）

この２章で紹介する
「金運」「財運」に
おすすめの神社はここだ！

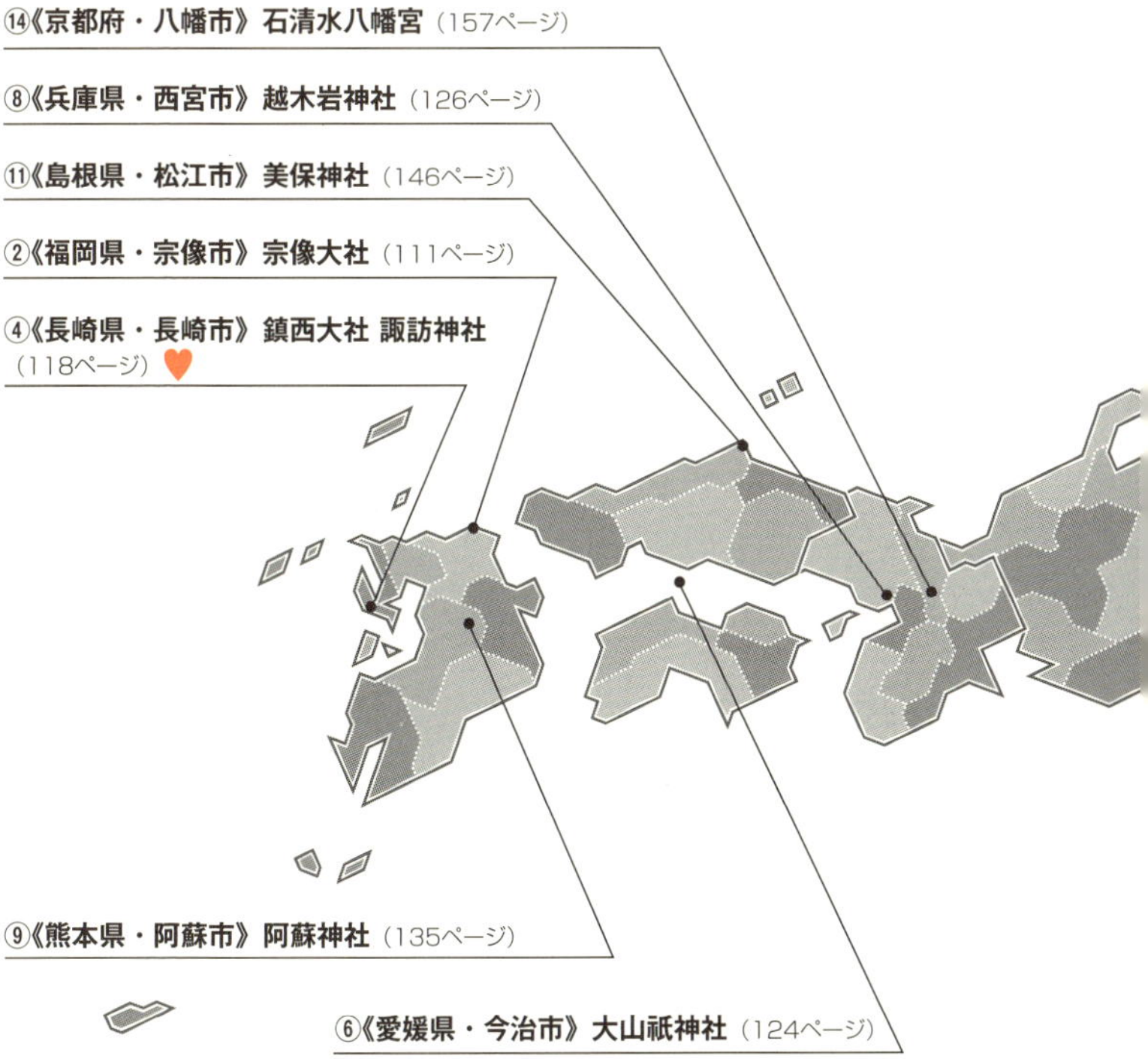

「番外編」結婚・恋愛の縁結びにおすすめの神社はここ！［♥］

神社は「聖なるハローワーク」

「宝くじあたりますように！」
「パチンコの玉がよく出ますように！」
「お金が必要なんです！　大金めぐんでください！」

ここまで、この本をお読みになられて、これらの願いはかなうと思うでしょうか？

最初にはっきり申し上げておきます。

「あわよくば」の心に金運は宿りません。

「あわよくばお金が入ってこないかな」なんて、ただ漠然とお金が欲しいという思いは、スルーされます。

神社における金運上昇とは、「誰かの願いをかなえる」ことで、お金が入ってくることです。

成功すなわち「功を成す」とは、誰かの願いをかなえることでしたね。
願いをかなえるには、自力と他力が必要です。
その「他力」になるお役目を果たすと、お金がめぐってきます。
「それ普通じゃないですか？」と思われるかもしれませんね。
はい、普通です（笑）。

神社は、「願い事」と「願いをかなえる人」のマッチングが行なわれる場でした。
やる気のある人には、神さまがよいお仕事をあっせんします。
神社とは「聖なるハローワーク」なのです。

僕の大学院時代、研究者になるには「実績」（＝実力）と「コネ」と「タイミング」が必要だといわれていました。これは出世や事業の成功でも当てはまりますよね。

この中で、**神さまが応援できるのは「コネ」と「タイミング」**です。

「たまたまタイミングよく助けてくれる人があらわれる」
「仲間の輪が急速に広がる」
「なんか都合よすぎない⁉」と、思うときは神さまの応援が入っているのでしょう。

ただ、みなさまの多くは、もしサッカーの日本代表になってもどうにもならないでしょう。

そんなどうにもならないお役目は、降ってきません。実力は必要です。
しかし、実力だけでは、どうにもならないこともある。
そのときに効力を発揮するのが「運」と呼ばれるものです。

「本気の心」に、運が宿ります。あわよくばじゃない、本気の決意を神さまは応援します。

そのためにお金が必要なら、誰かの願いをかなえるお仕事を、じゃんじゃんまわしてくれるでしょう。

開く金運は反時計回り、守る金運は時計回り

金運といえば、いまいちばん有名であろう神社をご紹介します。

山梨県・富士吉田市の新屋山神社・奥宮です。山の神さまをお祭りしています。

富士山2合目の通称「へだの辻」にある奥宮は、経営コンサルタントの故・船井幸雄氏が、「お金に困りたくなかったら富士山のこの神社に行くとよい」と語り、「金運神社」として知られるようになりました。

奥宮のお社は、もともと石でぐるりと囲まれ、その石組みを時計回りで3周してから手を合わせるよう案内されていました。

ですが富士山が世界遺産に登録されてから、石組みは「基準にそぐわない」と2016年の春に撤去され、3周せよとの案内もなくなりました。当然お社の周りを

回らない人も増えています。

時計回りは結界を張る、
反時計回りは封印を解除する、
という意味があります。

時計回りは右回り。蛇口やネジを締める方向で、引き締め、縮小します。
反時計回りは左回り。蛇口やネジをゆるめる方向で、開放し、拡大します。

「才能を開花したい」「ご縁を広げたい」なら反時計回りがおすすめです。
左回りはゆるめて開放する力なので、お金や運気の流れの詰まりを解消し、流れを拡大します。

反時計回りは神さまをお招きするとされます。
ネジをゆるめるのを想像してください。左に回すと、ネジは上昇します。
上昇は、天の神さまに向かう方向です。大相撲の土俵入りも、力士たちは反時計回り。大相撲はご神事なので、神さまにささげているのです。

しかし、いまの財産を守るお気持ちが強いのであれば、時計回りです。

蛇口でもネジでも**右回りはギュッと引き締める力なので、節約や財産防衛にピッタリ。**

いまの運気やお金の流れを維持したい人たちにもおすすめです。

開く金運は反時計回り、守る金運は時計回りと覚えてください。

石組みで囲われていた頃の奥宮は、参拝客が引き締め続けた「強いご神気」でした。

ですが**石組みの撤去後は神さまの封印も解除され、「ゆるいご神気」に変化中です。**

「お金の流れを拡大するなら、左回りで3周して祈る」

「お金の流れを維持し節約するなら、右回りで3周して祈る」

なお、奥宮は、毎年11月下旬頃から4月末まで林道閉鎖で、参拝できません。

そんなところにまで来て参拝するのですから、みなさん本気なのです（笑）。

日本初！「神社参拝と世帯年収」の統計データ初公開

神社のご利益といえば、「金運」「縁結び」ですが、実際のところはたして本当にプラスになるのでしょうか？

やはり、「データ」を知ることも大切です。とはいえ僕が知るかぎり、**世の中に神社参拝で金運がアップするかを調べた統計データはありません。あるとしたら、僕の前作くらいでしょう。**

そこでまた楽天リサーチ（現・楽天インサイト）さんに依頼し、２０１７年6月21日にアンケート調査を行ないました。

調査対象は、30代４００名、40代４００名、50代４００名、合計１２００名です。

前回は40代400名のみでしたが、今回は年代を広げ、人数も3倍です。**男女は半々で600名ずつ、そして4つの世帯年収別に300名ずつ集めました。**4つの世帯年収は次の通りです。

・500万円未満
・500万円以上1000万円未満
・1000万円以上1500万円未満
・1500万円以上

そして、**「神社への1年間の参拝回数」と「世帯年収」の関係を調べました。**

次ページのグラフの読み方ですが、たとえば年収500万円未満の人たち300名の中で、1年間の神社参拝回数が0回の人は37％、1回の人は24％、2回の人は22％、3回の人は30％、4～6回の人は15％、7回以上の人は23％いました（小数点以下は四捨五入）。

リュウ博士リサーチ!
年収別参拝回数の割合グラフ

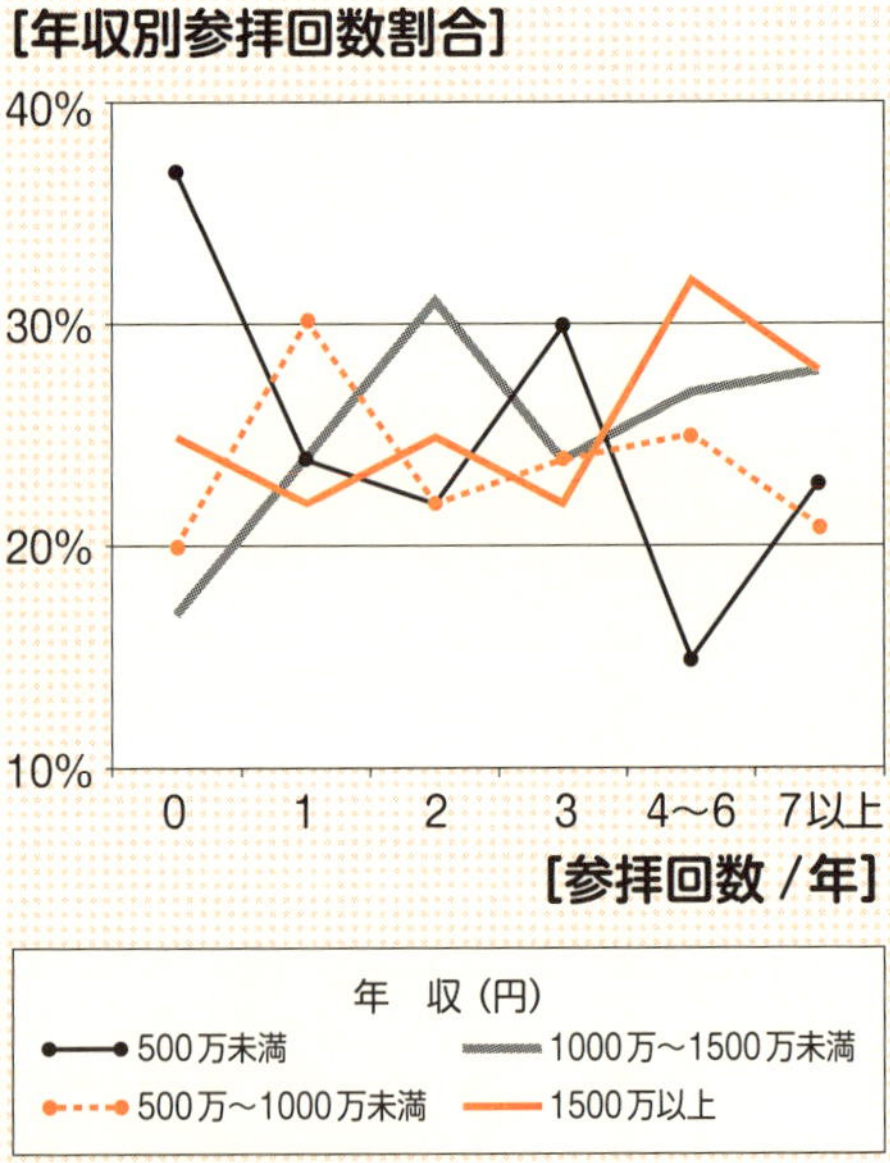

世帯年収別にグラフの説明をすると、

・年収500万円未満では、神社に行かない人がもっとも多く、37％いる。
・年収500万円以上1000万円未満では、年1回参拝がもっとも多く、30％いる。
・年収1000万円以上1500万円未満では、年2回参拝がもっとも多く、31％いる。
・年収1500万円以上では、年4〜6回参拝がもっとも多く、32％いる。

年4〜6回参拝も、年7回以上参拝も、年収1000万円以上の層が1位、2位をしめます。

神社参拝と年収アップは、関係がありそうです。

さらに、**お墓参りのデータをふくめて分析しました。**

アンケート項目「お墓参りにはちゃんと行くようにしている」に対し、次の5段階で自己評価してもらっています。

「1：まったく当てはまらない　2：あまり当てはまらない　3：どちらともいえない　4：やや当てはまる　5：よく当てはまる」

そして次の4つのグループをつくり、各グループと年収との関係を分析しました。

（1）神社によく参拝し、お墓参りにはあまり行かない（神社○　お墓×）
（2）神社によく参拝し、お墓参りにもよく行く（神社○　お墓○）
（3）神社に参拝せず、お墓参りにも行かない（神社×　お墓×）
（4）神社にあまり参拝せず、お墓参りにはよく行く（神社×　お墓○）

「お墓×」とは、5段階で1を選択した人、「お墓○」とは5を選択した人です。
「神社○」とは、年4回以上参拝している人、「神社×」とは参拝しない人です。
ただ片方だけ○の人はきわめて少数で、人数を増やすために、（1）の「お墓×」には5段階の2を選択した人を、（4）の「神社×」には年1回参拝の人もふくめま

リュウ博士リサーチ!
「神社参拝とお墓参り」と年収割合のグラフ

[参拝タイプ毎《ごと》の年収割合]

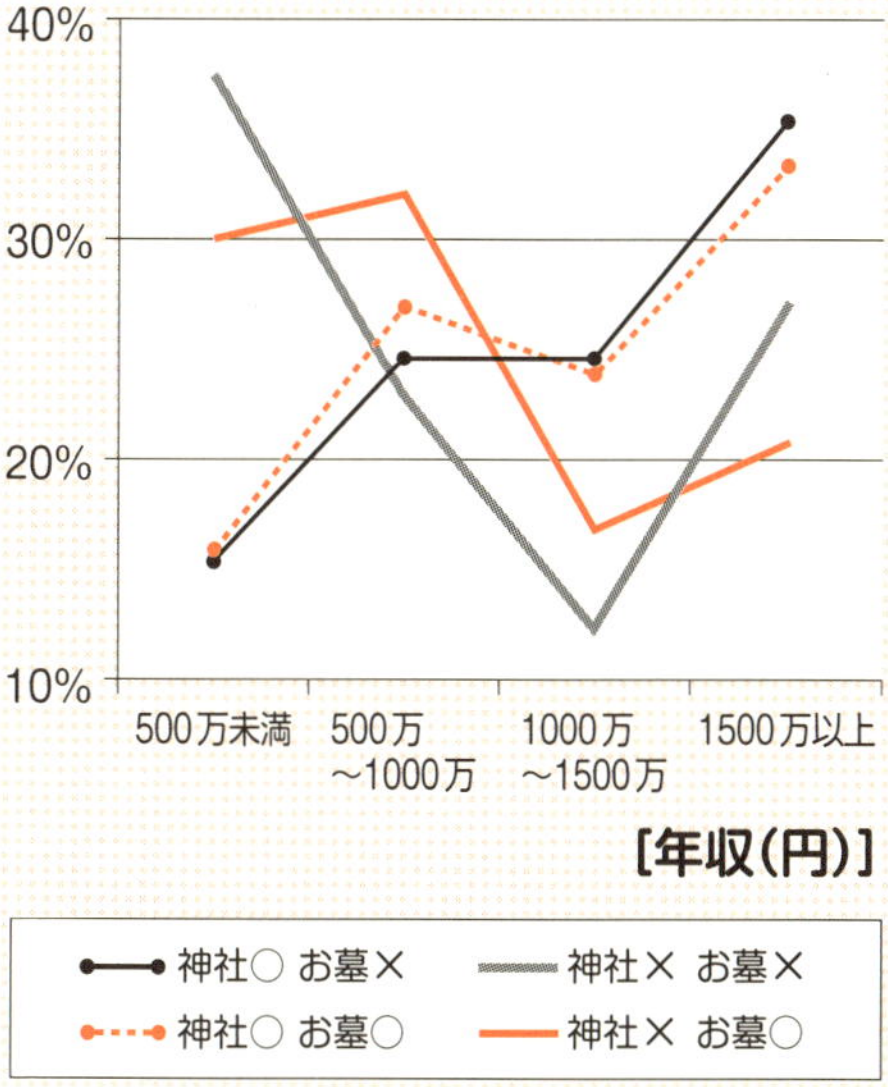

した。

グラフを見るとはっきり傾向が出ています。

神社参拝は年収アップに関係します。そしてお墓参りは関係しません。

「神社○」の人たちは、お墓参りが○でも×でも、年収別の割合はほぼ同じです。年収1500万円以上の上位2グループ、年収500万円未満の下位2グループは、いずれも「神社○」の人たちでした。

年収500万円未満の人たちが15〜16％、年収1500万円以上の人たちが33〜35％いたのです。裏を返すと、「神社×」の人たちは年収1500万円以上の下位2グループ、年収500万円未満の上位2グループでした。

一方、「お墓○」か「お墓×」かは、年収の違いに影響を与えていません。

神社参拝と金運は関係があり、お墓参りと金運は関係がない。

これがデータから見た結論です。

なお、お墓参りには金運とは別の効果があります。

それは次の節でご説明しましょう。

その前に、金運で名高い神社をまた紹介します。

世界遺産に登録された福岡県・宗像《むなかた》市の宗像大社です。宗像三女神をお祭りする神社の総称で、古代より海上・交通安全の神さまとして信仰されてきました。

三社ありますが、いちばんアクセスしやすい辺津宮にまずご参拝ください。宗像三女神が降臨したとされる高宮祭場は特におすすめです。

残りの二社は島にあります。沖ノ島の沖津宮は、2018年より一般の入島は禁止です。大島の中津宮は参拝できます。

古代より日本の歴史を大きく動かしてきた神社です。これから活躍したい人に強く参拝をおすすめします。

神社参拝とお墓参りは
お金・結婚・幸せにどう関係するのか？

今度のデータは縁結びです。「結婚」です。

先の１２００名（男女半々：30代／４００名、40代／４００名、50代／４００名）のうち、既婚者は５６３名、未婚者（ふくむ離死別者）は６３７名でした。

まずひとつお伝えしたいことがあります。

結婚しているかいないかで、どちらが幸せということはありません。
それよりも幸せに関係するのは「お金」でした。

アンケート項目「現在、幸福だと思う」に対し、次の5段階で自己評価してもらいました。

「1：まったく当てはまらない　2：あまり当てはまらない　3：どちらともいえない　4：やや当てはまる　5：よく当てはまる」

そして既婚者・未婚者、それぞれの幸福度を年収別にグラフにしています。

なんとなく、既婚者の方が幸せだと思っているのかな～？　という程度の影響はありますが、それよりも**年収の方が幸せに大きく影響することが見てとれるでしょう。**

結婚したら幸せになるわけではありません。しかし、結婚して世帯年収を高めていくことは、幸せに近づく道といえそうです。

「そーかー、お金か～。でも、お金イコール幸せなんだろうか？」

とお思いの方もいるでしょう。

統計データは全体の傾向です。そういう人が多いというだけで、あなた個人に当てはまるかは、また別の話です。

リュウ博士リサーチ!
結婚率と幸福度と年収の関係グラフ

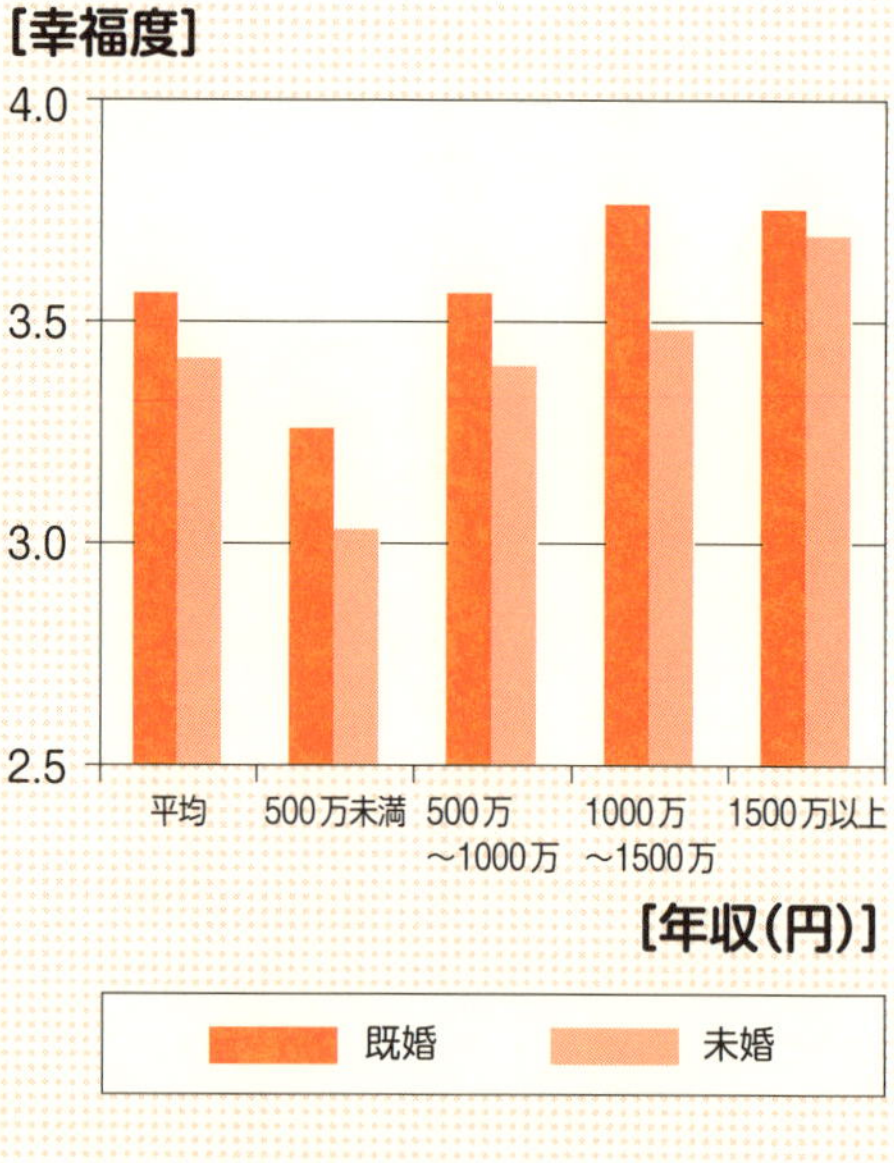

そして前節で、「お墓参りにはお金とは別の効果がある」と申し上げました。そのことを明確に示すデータがありますので、ご紹介しましょう。

結婚率と幸福度のグラフをご覧ください。

また次の4つのグループをつくり、各グループと結婚率、そして各グループと幸福度との関係を分析しました。

（1）神社によく参拝し、お墓参りにはあまり行かない（神社○　お墓×）
（2）神社によく参拝し、お墓参りにもよく行く（神社○　お墓○）
（3）神社に参拝せず、お墓参りにも行かない（神社×　お墓×）
（4）神社にあまり参拝せず、お墓参りにはよく行く（神社×　お墓○）

神社によく参拝している人たちは、していない人たちに比べ、結婚率が若干高いです。

そして「幸福度」のグラフにご注目ください。

リュウ博士リサーチ!
結婚率と幸福度のグラフ

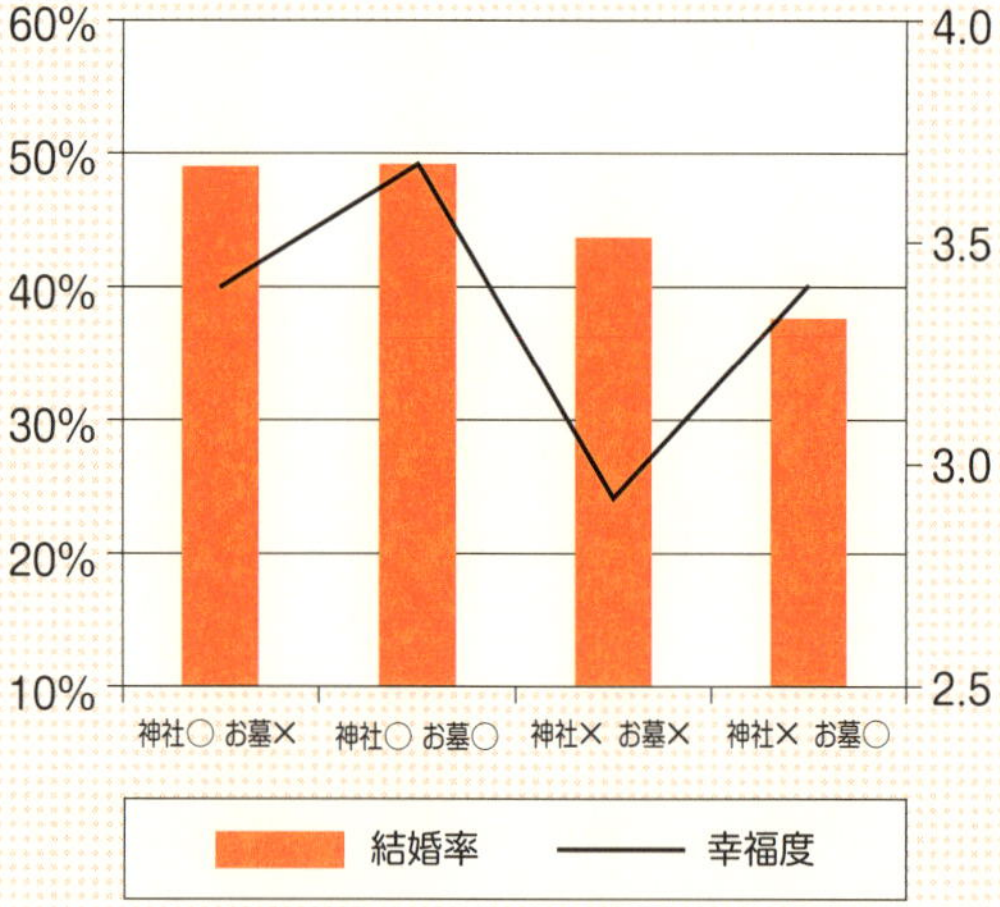

お墓参りによく行く人たちは、行かない人たちに比べて、幸福度が高い傾向にあります。

「神社◯　お墓×」のグループと「神社×　お墓◯」のグループを比較すると、どちらも幸福度の自己評価は3・4と同じです。

しかし結婚率は「神社◯　お墓×」が49%、「神社×　お墓◯」が38%でした。「神社◯　お墓×」の方が結婚率は高く、さらに109ページで紹介した年収のグラフのように年収も高い。つまり、お金を稼ごうと、結婚しようと、お墓参りにあまり行かない人は、お墓参りによく行く人と、幸福度は変わりませんでした。

ただ、**お墓参りには、幸福度を高める効果があるのです。**

物理的な欲求を満たさなくとも、家のご先祖さまに手を合わせる心があれば、いまあるもので幸せになれるといえるでしょう。

この2章は「金運」についてですが、せっかくですので結婚・恋愛の縁結びにおすすめの神社もあげます（笑）。

神奈川県・藤沢市の江島神社は、ファミリーやカップルの参拝客が多く、縁結びの知恵をダウンロードしやすい神社です。

江島神社に限らず、ファミリー・カップルの参拝客が多い神社は、結婚・恋愛の縁結びにおすすめですね。

長崎県・長崎市の鎮西大社 諏訪神社には、江戸時代からある、縁結びの願いがかなう陰陽石があります。

女性は一の鳥居の先にあるまるい男石を踏んでください。男性は四の鳥居付近にある六角形の女石を踏みます。

それから、拝殿前の鈴の手前に埋め込まれた、四角の中に円がある両性合体石を踏んで参拝すると、縁結びの願いがかなうといわれます。

本気で縁結びしたい人は、ぜひ試してください。

金運の正体と神社間ネットワークの正体

ここで「金運」の正体とは何か、あらためて明確にしましょう。

運とは「流れ」です。金運が上がるとは「お金の流れがよくなること」を意味します。

ではなぜ神社に参拝すると、お金の流れがよくなるのか？

金運の正体は、「人とのご縁」と「先人の知恵」です。

神社に参拝すると、必要に応じて、この2つを受けとります。だから金運がよくなるのです。

神社には、多くの人々の祈り・願いがあります。

そして神社と神社の間は、じつは目に見えないネットワークで結ばれています。

そのネットワークは、各神社を参拝する僕たちが、知らず知らずつなげているもの。神社好きな人たちは、いろいろな神社をめぐりますが、めぐっていく中で、まるで口コミが広がるように、ちょっとずつネットワークが広がっていくのです。


摂社・末社というネットワークの仕組みもあります。ひとつの神社の境内の中に、複数の小さなお社があるところも多いですが、それらは摂社・末社と呼ばれるもの。


摂社とは、その神社にご縁のある他の神社です。

神社の中にある摂社・末社は、他の神社につながる回路になっているのです。


この神社間ネットワークを、本書では神社インターネットと名づけました。

僕たちは神社に参拝すると、その神社と神社インターネットから、誰かの願いをかなえるお役目をダウンロードし、誰かが遺《のこ》した知恵を継承します。

お役目を引き受け、お役目を果たすのに必要な知恵を継承すれば、結果的に収入の

神社と神社の間の目に見えない「神社間ネットワーク」

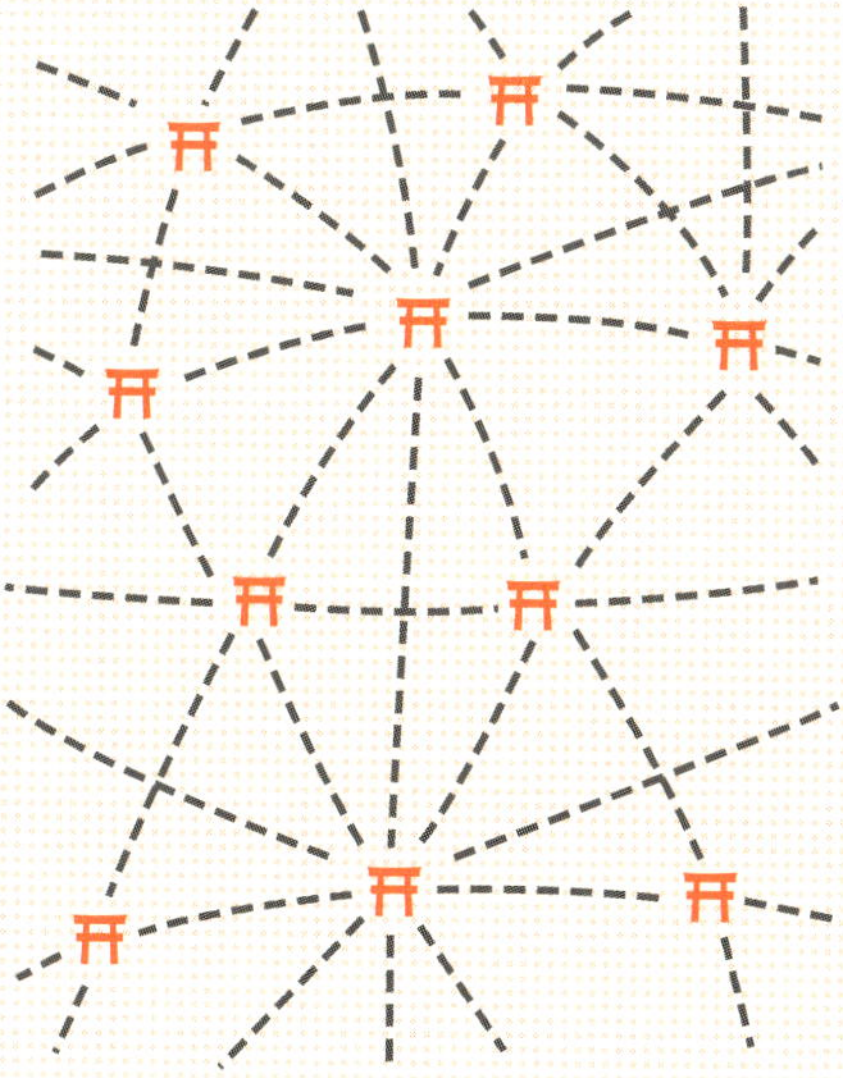

アップにもつながります。

金運というと、「棚からぼた餅」のような、「突然降ってわいた」ようなものをイメージするかもしれません。しかし**神社での金運は、現実的で地に足のついたもの**なのです。

少し突飛なことも申し上げましょう。

神社の歴史は2000年以上あるとされます。少なくとも1500年以上はあるでしょう。

この1500年以上前の人々の祈り・願いも、神社に遺されています。

僕たちは神社を通じて、1500年以上前の人々からもお役目を託され、彼らの知恵を継承しているのです。

先人たちがやり残した願いは、いまを生きる僕たちに託されているわけですね。

もちろんいまこの瞬間にも、新たな願いが増えつづけています。

その**誰かの願いをかなえるために、人とのご縁が必要ならご縁が、知恵が必要なら**

知恵が、お金が必要ならお金がめぐってきます。

その願いをかなえるのは、いまの僕たちではなく、ずっと後の世代の人たちかもしれません。

その後の世代の人たちがかなえられるよう、神社に参拝して願いや知恵を最新の情報にアップデートするのも、いまを生きる僕たちの役割です。

スケールの大きな神社参拝で自分の限界を突破する！

そう考えると、歴史が長く、多くの人・モノ・金が投入されてきた神社は、たいへん貴重な存在でしょう。

山梨県・富士吉田市の北口本宮冨士浅間神社は、富士山信仰の中心地で、１９００

年以上の歴史の重みを感じさせる神社です。参拝すると、そのスケールの大きさに圧倒されますね。

雄大な鳥居とご神木、豪華な拝殿に手水舎《ちょうずや》（水盤）、手水舎の龍の口から出る富士山の雪解け水は水量豊富で、きれいなだけでなく、力強いです。すべてにスケールの大きい北口本宮冨士浅間神社は、**あなたが「自分の限界」と思っている枠を、大きく広げてくれるでしょう。**

もう一社、スケールの大きい神社をご紹介しましょう。愛媛県・今治市大三島《おおみしま》町にある大山祇《おおやまづみ》神社です。山の神さまの総元締で、瀬戸内海で活動した村上海賊が崇拝した海の守護神でもあります。

鎮守は地域の守護神ですが、**大山祇神社は日本総鎮守。日本全体の守り神でもあります。**

威厳と落ち着きに満ちた樹齢約２６００年のご神木、日本の国宝・重要文化財に指定された武具の多くが集まる宝物館、根本の空洞が奥の院への自然の参道になる樹齢約３０００年の大楠《おおくすのき》など、やはり歴史の重みを感じる神社です。

「財運」が上がる神社は自分でカンタンに見つけられる

金運の正体は、「人とのご縁」と「先人の知恵」だと申し上げました。

では金運を上げるなら、誰とご縁を結び、誰の見えない知恵をダウンロードするとよいでしょうか？　普通に考えるなら、お金持ちとのご縁、お金持ちの見えない知恵でしょう。

お金持ちの知恵は、どこの神社に行くとダウンロードできるでしょうか？

それがわかっていると、「金運が上がる神社はどこか」と自分で見つけることができます。

答えはカンタンです。**高級住宅街の氏神さまは、金運が上がる神社です。**氏神さま、もしくは鎮守さまと呼ばれる、高級住宅街のある地域を守護する神社を参拝するとよいでしょう。

金運の中でも「財運」は、金運が持続して財産を築く運勢が上がります。

高級住宅街の氏神さまは、当然ながら、お金持ちがよく参拝しています。

神社インターネットに保管されている「人とのご縁」も「先人の知恵」も、経済的な豊かさと大きく結びついたものだと予測できます。

たとえば**東京都・世田谷区代沢の北澤八幡神社です。**

代沢は、佐藤栄作氏に竹下登氏と2人の首相経験者も住んでいた高級住宅街として知られます。下北沢駅から徒歩10~15分の、地域にとけこんだ落ち着いた神社ですよ。

関西だと、兵庫県・西宮市の越木岩神社がおすすめです。

高さ10メートル・周囲40メートルある「甑岩《こしきいわ》」という巨石をご神体としてお祭りし、越木岩・苦楽園・夙川《しゅくがわ》などの高級住宅街の守護神です。

少し登山になりますが、北の磐座《いわくら》までぜひご参拝ください。そこは**日が射すと願いがかなう**といわれています。

高級住宅街のような財運が高い土地は、おどろくほど落ち着いています。空気感が澄んでいて、「安全安心」という言葉がピッタリの静かな心地よさがあります。**財運ある土地、財運ある人のポイントは、この「静かな心地よさ」です。**

住む人の人柄が特別よいとか、特別悪いとか、そういうことではありません。どんな大金や高価な品物がそばにあっても、淡々として、静かにたたずんでいられる人は、資産家になることが可能です。

財運の高さは、「稼ぐスキル」とはまた別の話です。

札束を目の前にドサドサ積まれても、巨額の資産が手に入っても、平静でいられる精神が、財運ある人の特徴です。

大金が入ると、やたらテンションが上がったり、大きな不安や罪悪感にとらわれたりする人は、トラブルが起こり、バケツに穴が開いたようにお金が出ていきます。**大金でテンションが大きく上がったり下がったりする人は、財運がとぼしく、お金持ちになることはない**ということですね。

高級住宅街の神社を参拝すると、お金や高価な品物に対して淡々としていられる「静かに安定したエネルギー」を、身につけられるでしょう。

高級住宅街の公園もよいですね。公園には、神社的な機能が多少あるからです。

金運アップに関心のある方は、高級住宅街の公園も散歩されてみてください。

やはり「静かな心地よさ」「静かに安定したエネルギー」を体感できます。

金運も、神さまの力もおとろえてしまう神社

逆に、もしこんな神社があると、金運が下がりかねません。

それは、あわよくばといった気持ちでお金が欲しい人ばかりが参拝する神社です。

そんな神社には、はたしてどんな「人とのご縁」「先人の知恵」があるでしょうか。

欲をあおられた人ばかり神社に集まると、神さまの力はおとろえます。

「神は人の敬ひによって威を増し、人は神の徳によって運を添ふ」

鎌倉幕府の基本法典「御成敗式目」の中の言葉です。

人が神さまを敬えば、神さまのお力が増し、神さまのお力が増せば、人はご利益を得て、運がよくなり、人生が好転するという意味です。神さまと人との関係を、よくあらわしています。

ただ人がたくさん来ればいいわけではありません。

敬意をもって参拝する人が多い神社こそ、ご利益・ご神徳も増します。

欲深いのは人間の性《さが》ですが、そのままの状態で参拝しても、金運は上がりません。

参拝する人の「態度」も非常に重要なのです。

高級住宅街の静かに整った雰囲気を感じることで、どのような態度が金運そして財運を高めるか、体で感じて学ぶことがあるでしょう。

おさいせんはお祓いになる

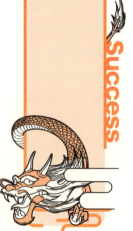

神社で定番のお金の話もしましょう。

「おさいせん」についてです。なぜ神社でおさいせんを払うのでしょうか?

じつは、**お金を払うことも「お祓い」です。**

日本神道の中だけで、いわれていることではありません。ただ、そう考える根拠は示しましょう。

祓いとは、罪ケガレを取り除くことで、神社の中心的な機能です。

『神道事典』391ページを開くと、**「神道の場合、基本的に罪は祓によってすべて解消・除去される」**と書かれています。

「罪がすべて解消・除去されるってどういうこと？　犯罪の事実が消えたり、おとがめなしになったりするわけないよね？」

こう疑問に思っていたところ、前作でも紹介した、リチャード・ワイズマン著『その科学があなたを変える』にある**「手を洗うと罪悪感が減る」**という実験結果を知って、すっきりしたのです。

科学的な視点で見ると、「祓いで罪悪感が減る」のだなと。

神社では参拝前に手を洗い、口をすすぎます。これは、「みそぎ」と呼ばれる「祓い」の行為です。**神社には「罪悪感を減らす仕組み」がある**のですね。

そして、お金を払うことも罪悪感を減らします。

だからお金を払うことも「祓い」なのです。

このお金と罪悪感の関係がよくわかる実験があります。

『お金に縁のある人、ない人の心理法則』で紹介している行動経済学者ウリ・グニージー氏の実験です。その実験とは、託児所で迎えの時間を守らない親が多いので、罰金制度を設けてみたというものです。

罰金制度によって、時間を守る親が増えるだろうと考えてのことです。
結果は、逆に時間を守らない親が増えました。「罰金を払うんだから、少しくらい遅刻してもいい」と判断する親が多かったのです。

お金を払うことで、時間を守らないことへの罪悪感が減ったのですね。

この実験を素直に読むと、「お金は道徳心を崩壊させる」ともいえます。お金を払えば何をしてもいい！　という気持ちになりうるからです。

同時に、「罪悪感の支配から自由になる」と聞いて、心にひびく方もいたでしょう。

罪悪感は、自分で自分の幸せをジャマする心の鎖にもなるからです。

おさいせんの払い方で幸福度が変わる

神社でおさいせんを払うときに、ひとつ大事なことがあります。
それは**「交換条件なく、お金を支払う」**ことです。
託児所の実験では、「お金で遅刻の権利を買った」みたいになりました。お金が遅刻との交換条件になって、それで遅刻に対する罪悪感が減ったわけです。
そこで、**交換条件なく「おさいせん」を払うことで、道徳心の崩壊を招くことなく、不要な罪悪感を減らせます。**

神社へのおさいせんは、一般的な寄付とも同じような効果があります。
トム・ラス、ジム・ハーター著『幸福の習慣』で紹介しているハーバード大学の研究によると、**誰かへのプレゼントを買ったり、慈善事業に寄付したりした人は、1日の終わりに幸福度が大きく高まりました。**

一方、自分のためにお金を使った人の幸福度は変わりませんでした。

おさいせんも寄付も、幸せに生きるちょっとした工夫です。

罪悪感が減り、自分を肯定する気持ちが高まります。

不要な罪悪感は、誰かのためにお金を払って、どんどん手放してください。

以前、僕は**明治神宮の鎮座百年記念事業で、銅板を寄付**したことがありました。

御社殿の屋根に使う銅板を、新しくふきかえるためです。寄付する人は、銅板に自分の名前とお願い事を書いて、奉納しました。

明治神宮の屋根に、自分の名前と祈りが書かれた銅板が数十年は存在しつづけると想像すると、ちょっと、いいと思いませんか？

また、指定寄付金という、寄付者が税制上の優遇措置を受けられる制度が、震災などによって復旧を続けている神社への寄付に適用されることがあります。

熊本県・阿蘇市の阿蘇神社は、２０１６年の熊本地震で大きな損害を受け、いまなお復旧への努力を続けています。２０１７年２月から指定寄付金制度が適用されています。

１日も早く元の姿に戻れるよう、読者のみなさまにもご協力いただければ幸いです。

こういう機会を見つけて寄付するのも、神社参拝のひとつです。

神さまに交換条件を出すと願いはかなわない

「交換条件なく、お金を支払う」ことについて、さらに解説しましょう。

おさいせんを払って、「この願いをかなえたい！」と考えることの心理的な意味合いは、**「願うことで、その願いをかなえることへの罪悪感を手放せる」**ということです。

たとえば、「月収100万円を稼ぎます」と宣言すれば、月収100万円になることへの罪悪感が減り、達成へのOKを自分に出せます。

しかし、「この願いをかなえてくれるなら、おさいせんを払う」という**交換条件付きの払い方は、逆に罪悪感を増やします。**

「もし月収100万円になるのなら、おさいせんを10万円払います！　でも、ならなかったら、神さまなんて信用しない！」では、「お払い＝お祓い＝罪悪感が減る」になっていないこと、むしろ執着心を生んでいることを、ご理解いただけるでしょうか。

神さまに結果の保証を求めると、執着心が増すだけなのです。

当たり前のことですが、おさいせんを10万円払ったからといって、自動的にそれ以上の大金が手に入るわけはありません。

交換条件付きの払い方をして手に入るのは、「大金を手にしていない私」「大金にふさわしくない私」という自己認識だけです。

その願いをかなえてＯＫだよと、自分で自分に許可を出す。罪悪感を消す。
それが神社参拝の、お払い＝お祓いの効果なのです。

お金を洗うと、なぜ金運が上がるのか？

「なんだ、その程度のこと」って思いますか？
でも、実際「月収１００万円になりますように！」とお願いしただけで、月収40万円の契約だったのが、その後の半年に一度の契約更新で、年俸１４００万円になった人がいます。
それはその人自身が、月収１００万円以上を得るのにふさわしい実力をもっていたからですが、とはいっても、実力があるから得られるとは限りません。

お払い＝お祓いの効果は、「思い込みの効果」とよく似ています。

臨床心理学者のアリア・クラム博士は、ホテルの部屋を清掃する客室係の女性に対してある実験を行ないました。

客室係の業務は運動量が多く、1時間に約300キロカロリーを消費します。これは速足のウォーキング1時間に相当する運動量です。にもかかわらず客室係の女性は「定期的な運動をしていない」「まったく運動をしていない」と思っており、平均的な客室係の血圧や体つきは、1時間に約100キロカロリーしか消費しない、座りっぱなしの人と同じようでした。

そこで、客室係の業務は立派な運動で、多くのカロリーを消費すると伝えると、4週間後、伝えられた人たちは体重と体脂肪が減少し、血圧が下がり、客室係の仕事を以前より好きになっていました。**「健康効果のある運動をしている」と思うようになっただけで、変わったのです。**

では思い込みを変えれば何でもありかというと、たとえば「テレビを観《み》るだけでカロリーが消費できる」と思い込んでも、体重は減りません。事実ではないからです。**複数の効果が想定される場合、その人がどう思うかで、どの効果があらわれるか決まる。**それがクラム博士の説です。

だから、月収100万円の場合も、実際に稼げる力は必要ということですね。

その上で、「お金は汚い」「お金を稼いでいる人は、悪いことをしている」といったお金に対する罪悪感でいっぱいの人は、お払い＝お祓いで金運がぐっと上がります。

お金への罪悪感を減らすのに、よい方法があります。

それはお金を洗うこと。いわゆる銭洗いです。

お金を洗うことで、お金に対する罪悪感が減り、お金をもつことへの許可を自分に出せるでしょう。

お金は汚いと思っていても、きれいな水で洗えばきれいだと思えるってことですね。

お金を洗う神社といえば、神奈川県・足柄下郡箱根町の深沢銭洗弁財天はいかがでしょうか。箱根登山鉄道の塔ノ沢駅・上りホームに隣接しているという、なかなかめずらしい場所にあります。

松井証券の創業者・松井房吉氏が、夢枕に白蛇があらわれたことがきっかけで、たびたび宿泊していた塔之沢温泉近くの清らかな水が流れるところに、小さなお社を建てて弁財天をお祭りしたのが始まりです。

「弁天癒水」と札に記された境内のお水でお金を洗うと、金運向上のご利益があると、商売をされている方々から信仰されています。

いきなりお金を洗いに行ってはいけません！　まず弁天さまにきちんとお祈りしてから、お金を洗います。

ちなみに**洗ったお金は、さっさと使う。**お財布に大事にしまってお守りにしたくなる気持ちもわかりますが、洗ったお金はすぐに世の中にまわした方がいいです。

「洗ったお金そのもの」に何かご利益があるわけではありません。

ご利益は、お金への罪悪感が減る・不要な価値観を手放すなどの心理効果です。

「お財布の中に大事にしまいこんで……。その罪悪感、いつまで握りしめているの？」

とならないよう（笑）、洗ったお金はさっさと手放してしまいましょう。

〝ハツモノ〟に隠されていた豊かさのおまじない① 予祝

神さまにお金を払う「おさいせん」、そもそもの始まりは、その年の最初に収穫した稲穂「初穂」を、神さまへの捧《ささ》げものとして毎年奉納したことでした。

この「初穂」が、のちに金銭に替わりました。

神社では、ご祈禱《きとう》やお祓いの謝礼などとしてお渡しするお金の表書きに「御初穂料」と添えます。

稲穂の代わりにお金を初穂として奉納するという意味になります。

神さまに捧げる「初穂」の対象は、当初は米など穀物だけでした。

のちに、初めて収穫した野菜や魚などさまざまな「ハツモノ（初物）」を神前に供えるようになります。

最初のお給料を神棚にささげる習慣もありますが、これも「初穂」です。

このようにさまざまな「ハツモノ」を神さまにささげる風習がありますが、いったいなぜでしょうか？

それは**初穂の中に、豊かさのおまじないが隠されている**からです。

おさいせんは、漢字で「お賽銭《さいせん》」と書きます。

この「賽」には、願いがかなったお礼の意味があります。

神社でお金を払うのは、じつは神さまへの願いがかなった感謝の気持ちなのです。

「順番がおかしい？」と思うでしょうか。

「願いがかなったお礼って、お礼詣《れいまい》りのときだけでは？」と。

「賽」＝願いがかなったお礼ですが、じつはちょっと先取りしているのです。

願いがかなった「結果」に対するお礼ではありません。

先に感謝して、望ましい結果の「原因」をつくるおまじないです。

これを「予祝」といいます。

予祝とは、あらかじめ祝うこと。「感謝の先取り」です。


感謝とは、通常「結果」に対してします。

たとえば、チームの勝利という結果に対して、感謝します。

しかし、予祝は、先にお祝いする。結果が出る前に感謝してしまうのです。

神さまに感謝の意志を伝えると、起こったことに「ＯＫサイン」を出すことになると、先に述べました。


予祝をすると、「これです！　この結果を望んでいます！　この結果がＯＫなのです！」と神社インターネットに「前もって」お伝えすることになるわけです。

先に感謝すると、あなたの器は「望む結果を出せるレベルにまで」拡大しようとします。

結果を出すためのさまざまな課題がやってきますが、「ここを目指す！」と意識の方向性が定まり、「実現するぞ！」という意欲も高まるのです。

この「予祝」は、日常のお金の使い方にも通じるものです。

背伸びした私は、理想の私。その理想の私なら、どんなお金の使い方をしますか？想像して、使ってみましょう。

「予祝」になるお金の使い方は、自分への先行投資です。

なりたい自分に近づくために、たとえば収入の1～2割を自己投資に使ってみる。

「こんなことに使ってもいいのかな？」

こんなドキドキするものに使うと、自分の枠を広げることにつながるので、おすすめです。

〝ハツモノ〟に隠されていた豊かさのおまじない② 初心・原点のアップロード

初穂の中には、もうひとつ豊かさのおまじないが隠されています。

それは「初心」の記憶を保存することです。

最初のお給料のように「初穂」を神さまに奉納すると、その「初心」が神社に、見えないデータとしてアップロードされます。

神社の空間に、参拝者の「初心」が見えないデータとして記録されるのです。

ハツモノをささげた神社に参拝するたびに、僕たちはこの「初心」をダウンロードし、**そのことを始めた「原点の自分」に立ち戻ることでしょう。**

「初心忘るべからず」とは能を確立した世阿弥《ぜあみ》の言葉です。

いつでも「初心」「原点」に戻れる神社という場所があるからこそ、迷ってもブレても、適切に修正できるのです。

さて、「予祝」といえば、コトシロヌシノカミ（事代主神）をお祭りする島根県・松江市の美保神社をおすすめします。

コトシロとは言知《ことし》るで、神さまの言葉を伝えるお告げの神さまです。

コトシロヌシノカミは七福神のえびすさまでもあり、あなたの未来を予祝してくれるめでたさのシンボルのような神さまですよ。

お稲荷さんはキツネじゃない！苦手な人が多いのはなぜ？

金運といえば、商売繁盛の神さま「お稲荷《いなり》さん」は外せないでしょう。

なにせ全国に稲荷社は約3万あります。日本でもっともおなじみの神社であり、神さまではないでしょうか。しかし、その正体は意外に知られていません。

お稲荷さんは、稲の神さまです。

稲荷社で祭られるウカノミタマノカミは、食べ物の神、特に稲の霊《みたま》とされています。

お稲荷さんとは食べ物の神さま、なかでもお米の神さまだったのです。

お稲荷さんは、キツネではありません。

キツネはお稲荷さんの御先《みさき》とされてきました。

御先は、神さまが人間界にあらわれる際に、その予兆や使いの役割を果たします。

キツネは、お稲荷さんのお使い、あらわれる前触れとされてきたのですね。

ただ例外として、**秋田県・秋田市千秋公園内の与次郎稲荷神社**は、秋田藩の初代藩主・佐竹義宣に飛脚として仕えたとされる**伝説のキツネ「与次郎」をお祭り**しています。


「イナリ」は、「稲成り」「稲生り」です。

ところが、江戸時代になってから、いつの間にか商売繁盛の神さまになっていました。

農業よりも、商工業が盛んになってきたからです。

お稲荷さんは、農耕の神さまから、商売の神さまに変わりました。

お米の神さまから、お金の神さまに変わったのです。


「お稲荷さん苦手なんですが、参拝した方がよいのでしょうか?」

僕の講演会で、定番の質問です。

お稲荷さんが苦手という人は、かなりいらっしゃるようです。

お稲荷さんが苦手な人が多い原因のひとつは、お米の神さまだったのに、お金の神さまに変わってしまったことにあります。

神さまは人々の祈りの集合体だとすると、お米に対する人々の思いと、お金に対する人々の思い、ずいぶん違いがあると思いませんか？

たとえばお金が嫌い、お金が憎い、お金は汚い、という人は、少なからずいます。お金持ちが嫌い、お金持ちが憎い、お金持ちは汚いというと、よりわかりやすいでしょうか。

ではお米が嫌い、お米が憎い、お米は汚い、という人は、いるでしょうか。

おそらく、いないでしょう。**人々のお金に対するブロック（拒否する心）が、お稲荷さんのイメージに反映されて、敬遠する人もいるのです。**

ダウンロードのパスワードは「五穀豊穣」

お稲荷さんが敬遠されるもうひとつの原因は、**人々の呪いまで引き受けていること**です。

稲荷社には、誰かの悪口を毎日言いに来て、こらしめてくれと願ってしまう人たちがいます。キツネの妖怪的なイメージが、お稲荷さんに重なったからです。

そんな参拝者の呪いを受けとめるのだから、お稲荷さんは大変です。お稲荷さん自体が傷ついてしまいます。

お稲荷さんは苦手と感じる人は、参拝しない方がよいでしょう。

もしそれでも参拝するのであれば、とにかく素早く参拝を終わらせてください。心

の中は無の状態で。具体的なお願いもしないことです。

祈るときは、こう唱えます。

「埼玉県川越市元町1丁目◯番地の明治太郎です。参拝させていただき、感謝申し上げます。はらえたまい　きよめたまえ　はらえたまい　きよめたまえ　はらえたまい　きよめたまえ」

住所と氏名を申し上げ、あとは参拝への感謝とお祓いの言葉です。

おさいせんも忘れずに！

これでお金に対する余計な思い込みが祓われます。お金のブロックが減ります。

そこのお稲荷さんも少し元気になるでしょう。

ただ、正式参拝するときは、願い事を記入する必要があります。

そんな場合、稲荷社では「五穀豊穣」と記すとよいでしょう。

「五穀豊穣」こそ、お稲荷さんの知恵をダウンロードする最適なパスワード。

本来は稲の神さまです。稲荷社で過去もっとも多くの人たちが祈ってきた願い事は、五穀豊穣なのですから。

お稲荷さんがお好きな人は、具体的にお願い事をしてください。

イナリは「意が成る」ともいいます。

物事を具体化するのは、もともと得意な神さまです。

稲荷社でおすすめは日本三大稲荷の一社とされる宮城県・岩沼市の竹駒神社。平安時代に小野篁公《おののたかむら》が創建し、東北で一、二を争う人気神社です。

小野篁といえば、朝廷の役人、詩人、学者であるだけでなく、なんと夜は地獄で閻《えん》魔《ま》大王《だいおう》の右腕をつとめていたとされます（んなアホな）。

死者をよみがえらせた、紫式部を地獄から救出したなど伝説にことかきません。そんな安倍晴明をもしのぐ不思議な平安貴族のつくった神社に、あなたも参拝してみませんか？

経営の神さま・松下幸之助に学ぶ「お金のダム」をつくる法

Success

「お金はどんどん使った方がいい？　それともしっかり貯金した方がいい？」

人によって、大きく意見が分かれる質問です。

僕の場合、小学校低学年のときに、こんなお金のエピソードがありました。

「めんこ」ってみなさんご存じでしょうか。

昭和世代なら知っている、古いカードゲームです。

僕は親から1000円おこづかいをもらい、親戚の子たちとお店で、この「めんこ」をあれこれ買いました。そのうち、親戚のある子が、「あ、○○があるー！」と大きな声をあげました。もう覚えていませんが、欲しいものだったのでしょう。親戚の子たちは喜んで購入しました。

そうすると、自分も欲しくなるじゃないですか。ところが……! お金が足りなかったのです。

よほど残念だったのでしょう。僕は親にこう言いました。

「お金ってただ使ってたら、あかんねんな。ちゃんと残しとかんと欲しいものが買えへんねんなあ」

関西弁です。生まれは京都です。親から「買おうか」と言われましたが、断りました。自分で自分が許せなかったのを覚えています。

それから僕の貯金人生が始まりました（笑）。

マメに貯金し、記帳して数字が増えていくのに、小さな達成感を覚えましたね。

貯金が10万円に達したときは、記念に京都のイノダコーヒで家族にお茶をおごりました。**一定金額が貯《た》まると、お祝いに、周りにおすそ分けするのです。**

大学を卒業後、最初に入った会社を辞め、大学院に5年間通いました。5年間、収入はゼロ、学費や生活費が必要です。

なぜ、このような決断が軽やかにできたのか？

それは、お金に余裕があったからです。普通は、やはりお金の心配をする場面でしょう。

しかし、「ほどよい余裕」があったおかげで、**お金の心配なく、自分のやりたいことをやり通すことができたのです。**

「ほどよい余裕」をつくるお金の考え方は、パナソニックの創業者で経営の神さまといわれる故・松下幸之助氏の「ダム式経営」が参考になります。

ダムのない川は、大雨だと洪水を起こし、日照りのときは水が不足します。

しかし川にダムをつくり水をためることで、常に一定量の水が供給可能になりました。

経営も、調子のよいときこそ、悪いときに備えて資金などをたくわえ、ダムの水ように「余裕」をもたせると、安定的に発展する。これが「ダム式経営」です。

ただお金は基本、あればあるだけ使いたくなるものですよね。

川の流れるまま、天候のままでもいいじゃないか、ダムなんて要らないよという人もいるでしょう。実際、自然なお金の流れに「人工のダムを設ける」のは、かなりの「強い意志」の力が必要です。

ある講演会で、ダム式経営の方法を問われた松下氏の回答はこうでした。

「まず、たくわえがいる、と思わなあきまへんな。ダムはどうしたらできるのか私もよう知りませんのや。知りませんけども、ダムをつくろうと強く思わんといかんですなあ。願い念じることが大事ですわ」

この回答に会場は、失笑・失望だったとか。

しかし参加者の中で、当時かけ出しの経営者だった**京セラ、第二電電（現・KDDI）の創業者・稲盛和夫氏は、体に電流が走るような衝撃を受けました。**

「そういうことか！」と稲盛氏は深く悟ってしまったのです。

家庭でも個人事業でも、お金の心配なく、自分のやりたいことをやり通したい方は、この「ほどよい余裕づくり」がきっと役に立ちます。

「やろう！」と決意すれば、その人に合った方法がきっと見つかりますよ。

そうは言っても、ちょっとは知恵が欲しい方に、うれしいお知らせがあります。

ダム式経営の見えない知恵をダウンロードしたい方は、京都府・八幡市の石清水八幡宮をご参拝ください。

松下幸之助氏は、石清水八幡宮の氏子総代（信仰する人の代表者）でした。

1920年に、松下幸之助氏が初めて定めた自社の商標「M矢のマーク」は、石清水八幡宮の「八幡御神矢」と関係します。この羽根つきの矢を見た松下氏はふと、この矢と松下の頭文字Mを組み合わせたら、と思いついたのです。

じつは僕自身、幼稚園の頃からくりかえし参拝した神社です。

僕の知恵をダウンロードしたい方もぜひご参拝ください（いますかね・笑）。

3章

chapter three

神社に行くと「心」と「体」がどう変わるのか？

※番号は登場順を示します

リュウ博士の

日本地図でひと目でわかる！

全国主要おすすめ神社③

「心・体編」

この3章で紹介する
「心の成長」
「すこやかな体づくり」に
おすすめの神社はここだ！

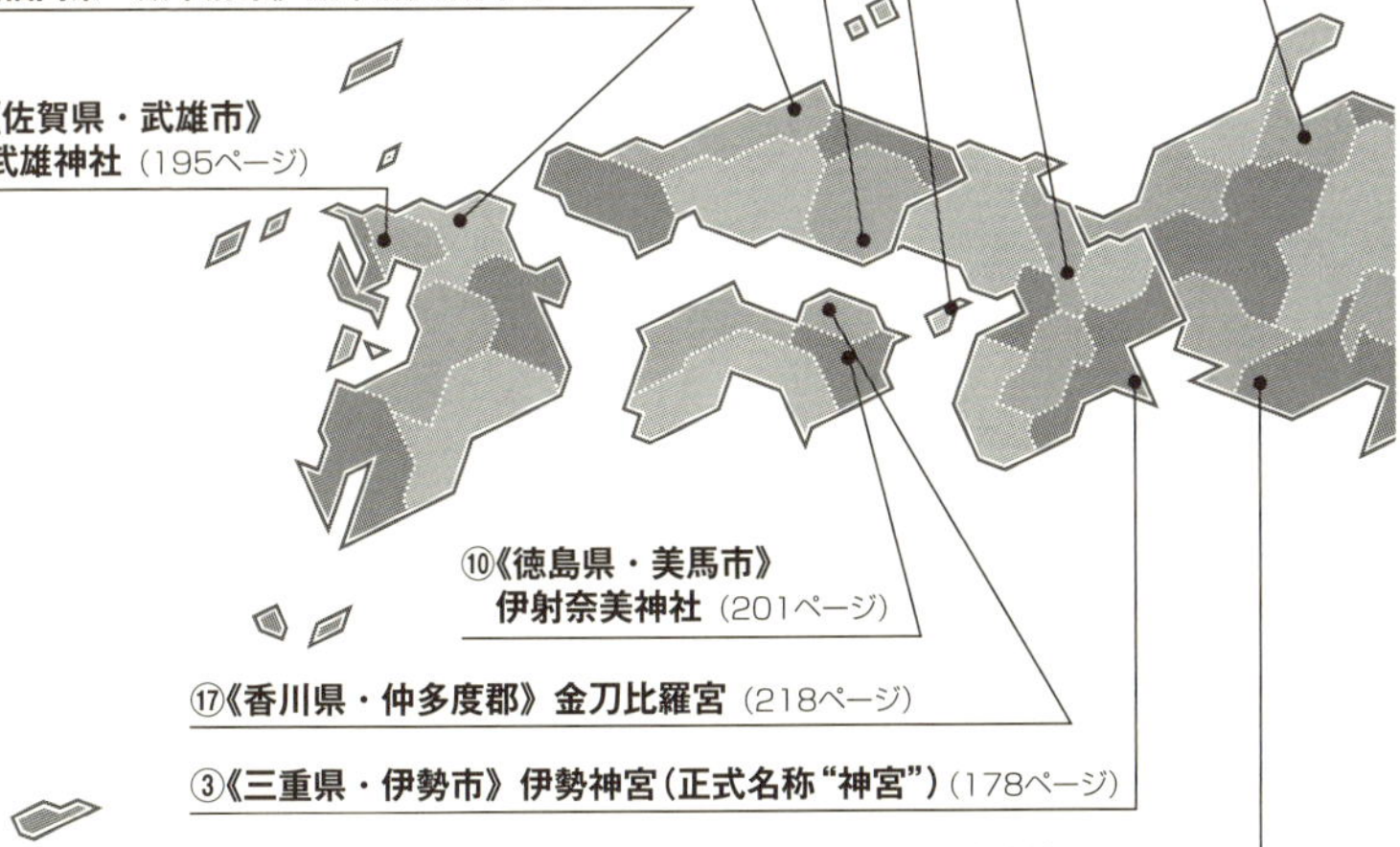

①《富山県・中新川郡》雄山神社（167ページ）

④《京都府・京都市》八坂神社（185ページ）

⑭《京都府・京都市》北野天満宮（216ページ）

⑨《兵庫県・淡路市》伊弉諾神宮（200ページ）

②《岡山県・岡山市》吉備津神社（170ページ）

⑥《島根県・雲南市》斐伊神社（188ページ）

⑮《福岡県・太宰府市》太宰府天満宮（216ページ）

⑧《佐賀県・武雄市》武雄神社（195ページ）

⑩《徳島県・美馬市》伊射奈美神社（201ページ）

⑰《香川県・仲多度郡》金刀比羅宮（218ページ）

③《三重県・伊勢市》伊勢神宮（正式名称“神宮”）（178ページ）

⑤《静岡県・浜松市》蜂前神社（188ページ）

1200人データが明かす！神社に行くと「いい人」になる

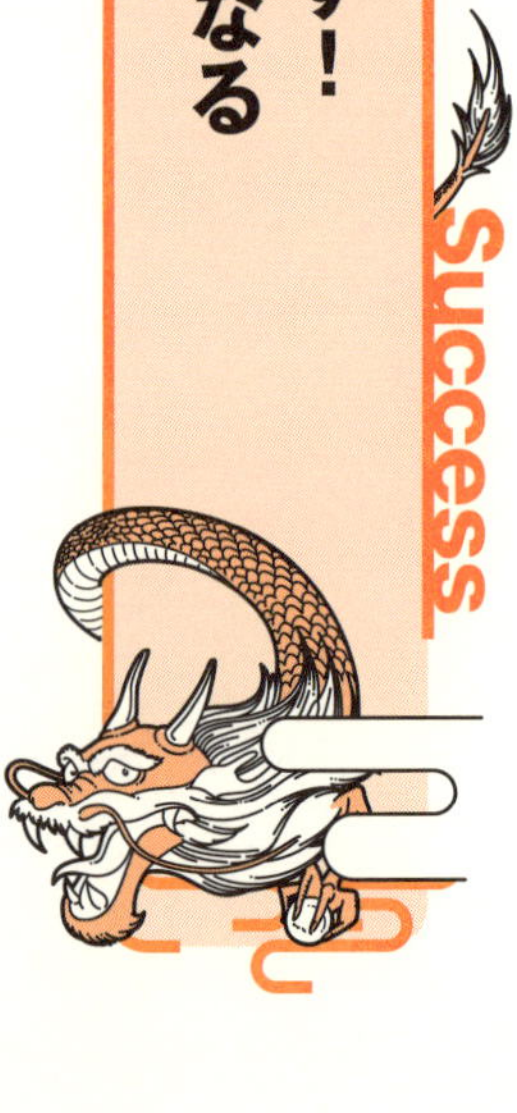

「私、前よりちょっと性格がよくなったと思う」

これは、前作『成功している人は、なぜ神社に行くのか？』を読んだ妻の感想です。

神社に親しむと「いい人」になる。これは、じつは統計データからも、推測できます。

また次の4つのグループをつくり、各グループと性格との関係を分析しました。

（1）神社によく参拝し、お墓参りにはあまり行かない（神社○　お墓×）

（2）神社によく参拝し、お墓参りにもよく行く（神社○　お墓○）

（3）神社に参拝せず、お墓参りにも行かない（神社×　お墓×）

（4）神社にあまり参拝せず、お墓参りにはよく行く（神社× お墓◯）

性格の基本を5つに分類する「ビッグファイブ」というものがあります。

性格の基本の5つとは「①外向性 ②情緒安定性 ③協調性 ④知性・開放性 ⑤誠実性」です。

この中の「誠実性」と「情緒安定性」を選択し、神社参拝とお墓参りの参拝タイプ別に、どれくらい誠実性・情緒安定性があるのか評価しました。

『主要5因子性格検査ハンドブック』に紹介されている、勤勉性（＝誠実性）12項目と、情緒安定性12項目のアンケート項目に対し、次の5段階で自己評価してもらっています。

「1：まったく当てはまらない　2：あまり当てはまらない　3：どちらともいえない　4：やや当てはまる　5：よく当てはまる」

5つの性格の中から2つだけ選んだのは、この誠実性と情緒安定性だけは、職業上の成績評価と関連するからです。

誠実性・情緒安定性の高い人は、会社など職場での成績も高い傾向にあるのです。

特に誠実性です。良心性とも訳され、「いい人」を示すといってもいいでしょう。この誠実性については、もうひとつある指標と関連するのですが、それについては、後で述べます。

グラフを見ると、**神社参拝もお墓参りもよくする人は、誠実性が高い傾向にあります。**

またどちらもしない人は、情緒安定性が他より低い傾向も見てとれます。

三峯《みつみね》神社で宮司をつとめる中山高嶺《たかね》氏の著書『三峯、いのちの聖地』に、あるNPO法人が、三峯神社でストレスの実験をしたことが紹介されています。

血圧測定と唾液測定でストレスの度合いを測ると、**神社の境内で深呼吸した時点でストレスの数値がぐっと下がった**そうです。

神社には情緒を安定させる、ちょっとした効果があると推測できますね。

リュウ博士リサーチ！　参拝と「誠実性と情緒安定性」の関係性グラフ

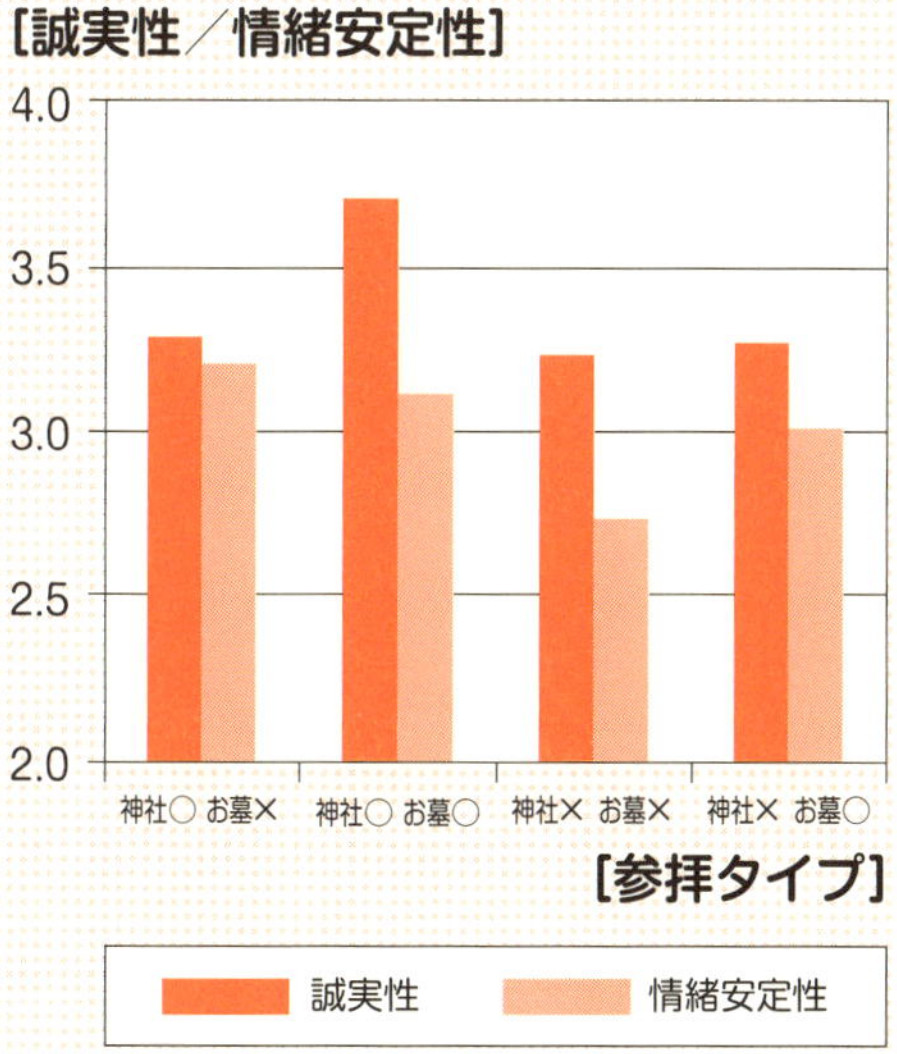

お祓い効果バツグン！天上界にあるおすすめ神社

そして誠実性ですが、これは「勤勉な」「良心的な」「実直な」「計画性のある」「きちんとした」性格をあらわします。何事にも精力的で、徹底的に取り組み、細かく計画を立て、責任感があり、注意深く、実直です。ちゃんとした人ですね（笑）。

神社参拝やお墓参りを大事にする人たちは、そんな「ちゃんとした」「いい人」になっていくのです。

「いい人をやめよう」「正直者はバカを見る」なんて耳にしますが、さきほど申し上げたように、**誠実な人は職場での評価も高いのです。**

ちなみに「いい人やめよう論」がありますが、これは、「いい人の〝フリ〟を無理してするのはしんどいだけ、かえって不誠実なのでやめよう」ということだと、僕は理解しています。

誠実性は、富山県の県民性と非常に近いです。

富山県出身者の特徴は、まじめ、勤勉、現実主義、粘り強い、正直者、金銭感覚がしっかりしているなど。県民の幸福度はベスト5に入るほど高く、離婚率も低いです。

裕福で勤勉な「富山の薬売り」の伝統が残っているようですね。

そんな富山県の神社をご紹介します。

日本三霊山のひとつ立山をご神体とする、中新川郡立山町の雄山神社です。

お社は3つあり、立山主峰の雄山山頂にある峰本社、中宮祈願殿、そして前立社壇です。三社は三位一体で、どこに参拝してもご利益は同じとされます。

標高3003メートルの峰本社には7～9月しか参拝できません。

もし登頂されるのであれば、お守り・お札はぜひいただいてください。

標高3000メートル超えの地は、**人間の想念の影響を受けない天上界です。**

そんな場所のお守り・お札は、僕たちの雑念や余計な思い込みをこれ以上ないほど「お祓《はら》い」する助けになるでしょう。

神社参拝とお墓参りをする人は長生きする理由

誠実性は、職業上の成績だけでなく、もうひとつ、ある指標と関連すると申し上げました。

それが「死亡リスク」です。

ヘルシンキ大学の研究者が、世界各国の約7万6000人の性格と死亡リスクの関係を調査しました。性格は、さきほどご紹介したビッグファイブの5つの性格です。

なんと、誠実性だけが死亡リスクと関連していました（他の4つは関連が認められず）。

ようするに、**誠実な人は長生きする**、ということです。

誠実性が高いと判定された人々は、誠実性が低いと判定された人々よりも、死亡リスクが30％以上低いというのです。

職場での評価が高いだけでなく、長生きする。

いい人、誠実な人は、ちゃんと報われるということですね。

「勤勉な」「実直な」「計画性のある」「きちんとした」人は、努力するけど報われない、ストレスをためて早死にしそう、なんて印象をおもちの方もいるかもしれませんが、そんな事実はない、むしろ逆なのです。

いい人は、いい人生を送ります。

それが統計データの示す、人類全体の傾向です。

神社参拝とお墓参りをきちんとする人は、誠実性が少し高かったですね。

それは長生きする可能性を、ほんの少し高めるということです。

長生きがご利益の神社とその背後に隠された神々

長生きがご利益の神社をご紹介しましょう。

岡山県・岡山市の吉備津神社です。

ご祭神のオオキビツヒコノミコト（大吉備津彦命）は、281歳まで生きたとされています。

そのため、延命長寿のご利益があるといわれています。

岡山を代表する神社として人気ですが、ぜひ本殿背後にあるさほど険しくない山道の階段をのぼって、岩山宮まで参拝してください。

岩山宮には、岡山全域から広島・兵庫・香川県の一部にまたがる土地の神さまがお祭りされています。


オオキビツヒコノミコトは、桃太郎のモデルとなった古代日本の皇族で将軍です。将軍として、岡山県の辺りを征服していきました。征服したということは、征服された側がいる。先住民ならぬ、先住の神さまがいらっしゃいました。

地主神は、その先住の神さまでいらっしゃる可能性が高いのです。


神さまは人々の祈りでできています。皇族であったオオキビツヒコノミコトは、御本殿にお祭りされ、吉備津神社を訪れる大半の方が祈りをささげています。

岩山宮には、日本国が成立する前の、その付近一帯の土地の神さまがお祭りされています。訪れる人は、けっして多くはありません。

征服した神と、征服された神。どちらにも祈りをささげることで、日本国になる前の人々の思いを受け継ぐことも、僕たち参拝者にとって、意義のあるものになると考えます。

それは古代の遺恨をとかすことになるからです。

征服した者と、征服された者。記憶の生々しいときに、その遺恨をとかすことはきわめて難しい。でも、ずっと後の世に生きる僕たちなら、それができます。

僕たちが両方の神さまに祈りをささげることで、征服した神さまに祈った人々と、征服された神さまに祈った人々が、神社インターネットで結ばれていきます。

見えない世界が、もっと平和になる。

それも立派な社会貢献なのです。

アドラー心理学を、神社参拝で実践する

次は、対人関係と神社の話をしましょう。

対人関係というと、オーストリア出身の精神科医アルフレッド・アドラーが創始したアドラー心理学が、２０１４年より日本、韓国、台湾で大流行しました。

この**アドラー心理学の目指すゴールと、神社参拝のゴール、じつは同じ**です。

アドラー心理学では、すべての悩みは対人関係の悩みであるとします。

対人関係の悩みを解消する入口は、自分と他人の課題を分離すること。そして対人関係のゴールは共同体感覚をもつことだと説きます。

自分と他人の課題を分離するとは、自分の課題を他人に押し付けたり、他人の課題

を自分が背負ったりしないこと。

共同体感覚とは、他者を仲間とみなし、そこに自分の居場所があると感じられること。共同体感覚をもつのに重要なのは、共同体に貢献することとされます。

抽象的な話ですよね。でも、いまこの時代に必要なアイデアだと、多くの人々が信じています。

【知る】→【愛する】→【貢献する】→【パフォーマンスが向上する】の因果関係を覚えておられますか？　この本の47ページでもお話ししましたね。

もし僕たちが何かのポジティブなことを知れば、その何かを愛し、その何かに貢献する意欲が高まり、パフォーマンスが向上し、よりよい結果が出るというもの。

神社に参拝すると、他の参拝者のポジティブな何かを知り、参拝者のいる社会への愛が生まれ、その社会に貢献する意欲が高まり、よりよい結果も出るのでした。

つまり、**神社参拝を続けると、アドラー心理学が目指す共同体感覚も生まれてくる**のです。

共同体に貢献する意欲が高まると、自身のパフォーマンスが向上する。

対人関係の能力も向上していくということですね。

それは何も急に話し上手になるとか、気が利くようになるとか、ということではありません。神さまはマナー講師のように具体的なアドバイスはくれません（笑）。

しかし、**「この人たちが集うこの場所に、貢献したい」と、思える人に出会い、そう思える場所にいたら、対人関係は自然と向上します。**

なぜなら、誠実な態度を取るからです。5つの性格のひとつ「誠実性」の向上です。

対人関係の本質はテクニックではないことを、本書を読まれる大人のみなさまならよくご存じでしょう。

誠実な対応を心がけること。本質はそれしかありません。

だから、共同体感覚は対人関係のゴールになるわけですね。

伊勢神宮でアドラーの共同体感覚を得る

もし、対人関係で悩んでいるとき、「ここに自分の居場所はない」と感じているとき、「より大きな共同体の声を聴け」というのがアドラーのアドバイスです。

共同体というと、家族、学校、職場、友人グループなどが身近でしょう。

しかしもっと大きく、住んでいる地域、国家、世界、さらには宇宙全体までひとつの共同体ととらえることができます。

宇宙全体がひとつの共同体というと、突飛に聞こえるかもしれませんが、僕が言ったのではありません。アドラーが言ったことです。文句があれば、そちらにどうぞ（笑）。

とはいえ、宇宙全体の声を聴く、世界の声を聴くといっても、よくわからない。国家のトップにアドバイスをもらえと言われても、無茶な話です。

そこで神社です。神社に参拝することは、「より大きな共同体の声を聴く」ことになるでしょう。

もちろんその場で、具体的なアドバイスが聞こえてくるわけではありません。でも、心の中で質問してください。あなたの悩み、気になっていることを、真剣に神さまに問うてください。

きっと、その答えが、いつかどこかで返ってきます。

他人の声、雑誌の文字、まちの看板など、ふと気づく何かがあります。たとえば「行けっ！」と書いてあるポスターを見て、「あ、やるのか」と思うなど。

それが「より大きな共同体＝神社の神さま」からの返答です。

より大きな共同体の声を聴くなら、伊勢神宮をあげざるをえません。

歴史文学作家の吉川英治氏は、１９５０年、58歳で伊勢神宮に参拝したときに、こんな歌をよみました。

「ここは心のふるさとか　そぞろ詣れば旅ごころ　うたた童にかへるかな」

英国の歴史学者アーノルド・J・トインビー博士は、１９６７年、伊勢神宮を参拝した際、

Here, in this holy place, I feel the underlying unity of all religions.

（この聖域で、私はすべての宗教の根底にある統一的なものを感じます）

と、ご神前にて、毛筆で記帳されました。

国民的作家といわれた吉川英治氏は、伊勢神宮に「日本の心のふるさと」を感じ、20世紀最大の歴史家といわれる**トインビー博士は、伊勢神宮に「全人類の精神性の根っこに共通する何か」を感じました。**

伊勢神宮には、あなたの心のふるさとを感じる何かがある。

その「心のふるさと」を感じる感覚こそ、アドラーの共同体感覚です。

なぜ日本人は、世界がおどろくほど整列するのか？

この共同体感覚、日本では「世界が注目するおどろくべき事例」として、具体的に目にすることがあります。

「列に並ぶ日本人」です。

たとえば東日本大震災など大災害のとき。被災者の方々が、整然と長い時間列に並び、**略奪や盗みなどなく、生活品を買い、配給品を受けとりました。**

あるいは電車の駅のホームで、きちんと整列乗車する人たち。**みな当たり前のように列の最後に並び、横入りして注意される人はほぼ見かけません。**列車も当たり前のように決められた停止位置に止まりますが、世界的にはなかなかめずらしいことです。

東京ビッグサイトで開催されているコミックマーケット（略称コミケ）に並ぶ日本人の映像も、海外で話題になりました。**1日に20万人近く来場する大イベントですが、この大人数がきわめて統率のとれた動きで整列するのです。**

なぜ、日本の人たちは、赤の他人同士で、まるでひとつの生き物、ひとつのシステムのように行動できるのでしょうか？

もちろん学校教育は「目に見える」原因でしょう。

そしてもうひとつ、「目に見えない」原因が神社参拝です。

歴史学者のトインビー博士は、伊勢神宮に「全人類の精神性の根っこに共通する何か」を感じました。

神社参拝する人々の無意識に、共通のベースとなる何かが生まれ、赤の他人同士なのに、きわめて統率のとれた動きを可能にするのです。

いわば無意識レベルでも協調しているのです。

この共通のベースが、「せいれつ」です。

「せいれつ」とは整列であり、清冽《せいれつ》であり、清らかに整っているさまです。


神職さん・巫女《みこ》さんは、神社で毎日おそうじをし、祈りの言葉をささげています。

そのお仕事は、清らかにすること。整えること。静かに淡々といること。

そして誰かの願いがかなうよう祈ること。

これら神職さんたちの日々のお勤めが、共通のベース「せいれつ」となり、見えない知恵として、参拝客にダウンロードされるのです。

「せいれつ」の知恵をアップロードしているのは、神社で日々お勤めを果たしている神職さん・巫女さんなのです。

「大祓詞の見えない知恵」をダウンロードできる特別な2日間

「せいれつ」の中身を、さらに解説しましょう。

神道には、全国の神職さんが神さまの前で毎日お唱えされる言葉があります。

「大祓詞《おおはらえことば》」です。1000年以上、ご神事で唱えつづけられている**大祓詞は、「せいれつ」の知恵の最たるものでしょう。**

大祓詞を代表に、祝詞《のりと》と呼ばれる神さまに奏上する言葉は、神職さんがアップロードする見えない知恵です。

神社では年に2回、「大祓」というご神事があります。

天下万民の罪ケガレを祓うべく、毎年6月30日と12月31日に行なわれ、「大祓詞」

が神社で唱えられます。

もし可能なら、この**年に2回の大祓にご参加ください。「大祓詞の見えない知恵」を参拝客がダウンロードする絶好の2日間です。**

神社によっては、「茅《ち》の輪《わ》くぐり」ができます。茅の輪とは、茅（ち＝かや）を束ねて輪にしたものです。

茅の輪くぐりには、独特のお作法があります。

---

①まず、茅の輪の正面で一礼してからくぐって、左へまわり、
②また正面から一礼してくぐって、右へまわり、
③さらに正面から一礼してくぐって、左にまわり、
④最後にまた正面から一礼してくぐり、ご神前に進んでお参りします。

横向きに8の字を描くように、くぐるわけですね。

茅の輪くぐりのお作法

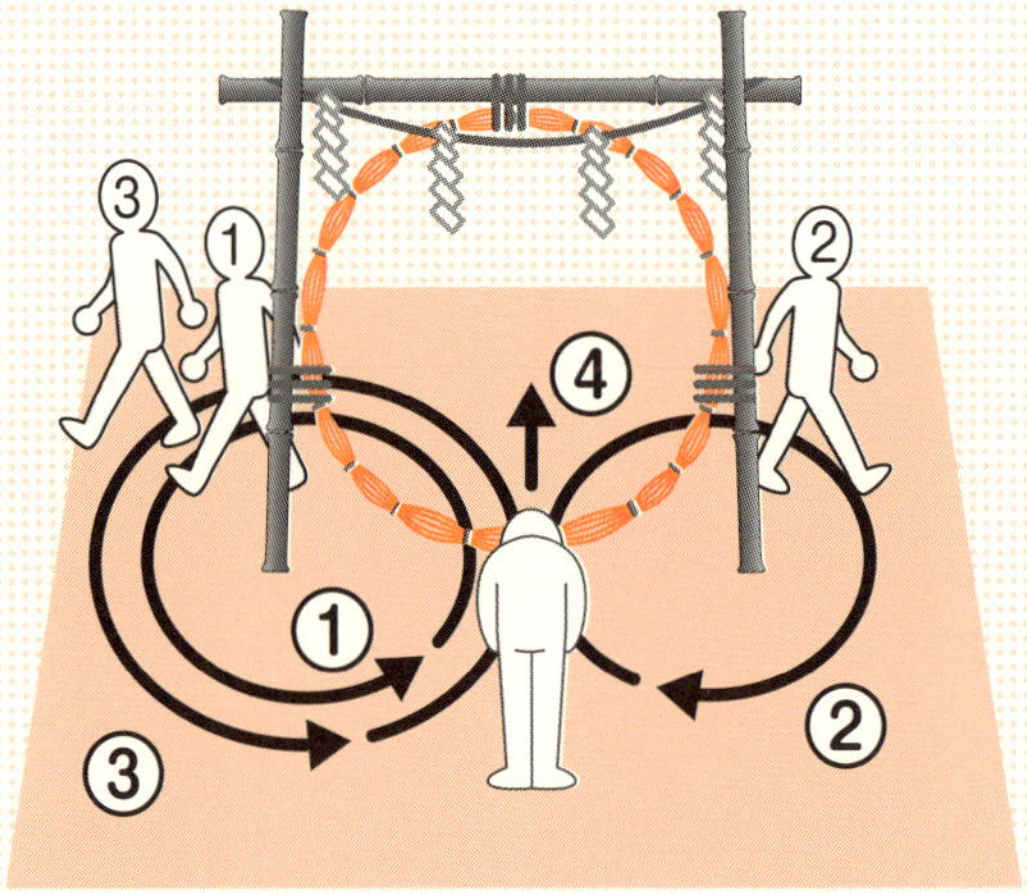

こういう呪術的なお作法をその通りやることも、無意識に協調し、ひとつの生き物のように行動する、よき実践になるでしょう。

「茅の輪」といえば、京都府・京都市の八坂神社です。

八坂神社の有名な祇園《ぎおん》祭りでは、茅の輪が「粽《ちまき》」として発売されます。食べ物ではなく、笹の葉でつくられた厄除《やくよ》けのお守りです。「茅」を束ねて「巻」いたものなので、「ちまき」と呼ばれます。

京都人の多くは、「ちまき」を1年間、玄関の外側上部に飾り、1年後までに、購入した各山鉾《やまぼこ》か、八坂神社に返納します。

京都人の家は、「ちまき」が守っているのです。

知る人ぞ知る！古代創建の「強い心」をつくる神社

整列し、ひとつの生き物のように行動するのは、もちろん赤の他人同士だけではありません。**仲間同士でも、心をひとつにするために、神社参拝が活用されています。**

一般によく知られているのは、スポーツチームの参拝でしょう。野球でもサッカーでも、シーズンオフにチーム全員で参拝するのはおなじみです。

企業でも、ありますね。僕を勉強会の講師にお招きくださった某企業では、社長さんが自作の祝詞を神棚に奏上し、役員全員で近隣の神社に参拝していました。

新年の仕事始めに、職場で神社参拝に行く方も多いでしょう。

一《いち》味《み》神《しん》水《すい》をご存じでしょうか。

中世・近世日本で、一致団結を誓う際に、参加者が行なった誓約の儀式です。**参加者は神社に集まり、誓いの文書に全員が署名し、ご神前にささげます。**

その後、神さまをお呼びするために鐘などの金属器を打ち鳴らしながら、誓いの文書を焼いて灰にし、その灰を同じくご神前にささげた水やお酒に混ぜて、一同で回し飲みしました。

こうして仲間同士の一体化をうながし、ご神前で誓約することで、約束を必ず実行する「強い心」をつくるのです。

2017年に放送された大河ドラマ『おんな城主　直虎』では、第14話「徳政令の行方」にて、この一味神水の様子が間接的に出てきます。

村の農民は領主の井伊直虎に借金の帳消しを直訴しましたが、直虎は応じませんでした。すると、村の農民たちは、全員逃亡し、村の神社に抗議文が残されていました。

これは逃散《ちょうさん》と呼ばれる抗議行動で、この逃散の前に、村の神社に農民たちが集結し、一味神水の儀式を行なったことでしょう。

この**井伊家ゆかりの神社は、静岡県・浜松市の蜂前《はちさき》神社**です。

1700年以上前に建てられたとする古い神社で、井伊直虎の花押が記された唯一の古文書を所蔵する神社です。

ご祭神のミカハヤヒ、ヒハヤヒ、タケミカヅチは、父神であるイザナギノミコト（イザナギ）が、子である火の神カグツチを剣で殺したときに、その剣の刀身の根本から血が岩石に飛び散って誕生した三柱の神々です。

物騒な神話ですが、誓約の方法に血判状があるように、飛び散る血は、団結心など強い心のシンボルです。

タケミカヅチは鹿島《かしま》神宮のご祭神で、日本最強の武神といわれる雷の神さまです。

ヒハヤヒとミカハヤヒは、誕生した以外のエピソードはありません。ハヤヒは速日で、太陽神だろうと推測されますが、未知の強豪って感じですね（笑）。

ヒハヤヒとミカハヤヒをどの神社がお祭りしているか、僕は知りませんでした。

それで調べたところ、島根県・雲南市の斐伊《ひい》神社でもお祭りしています。

斐伊神社も、いつ創建されたのか不明な、きわめて古い神社です。

斐伊川の上流にあり、一番のご祭神はスサノオノミコト（スサノオ）です。ヤマタノオロチ伝説の地で、近くの八本杉の下に、ヤマタノオロチの八つの頭が埋まっているとされます。ちなみにスサノオがヤマタノオロチを退治した剣と、スサノオの父神でもあるイザナギがカグツチを斬った剣は、同じです。

蜂前神社も斐伊神社も、古代に創建されたのに、大きくない、有名ではない神社です。

それだけで、「すごい神社」だとわかります。

たとえるなら、小さく有名でない企業が、１０００年以上も存在しつづけているようなもの。それはもう奇跡ではないでしょうか。

なにせ父なる神の剣と、火の神の血から生まれた神々を祭る神社です。

「約束を破ったら、斬る！」

そんな鉄の誓いを立て、心を強くするのに、ピッタリの二社といえるでしょう。

なぜ、スサノオをお祭りする神社は津波被害をほぼ受けなかったのか？

ヤマタノオロチ退治の英雄スサノオは、２０１１年の東日本大震災以降、ちょっと変わった注目のされ方をします。

東日本大震災のときに、**スサノオをお祭りする神社は、津波被害をほぼ受けなかったという学術研究が、２０１２年に土木学会で発表された**のです。

当時、東京工業大学・桑子敏雄研究室の博士課程に在籍していた高田知紀博士らが、２０１１年から２０１２年に宮城県沿岸部全域（岩手県・大船渡市、陸前高田市をふくむ）に古くからある２１５の神社を調べたところ、津波被害をまぬがれたのは１３９社、一部浸水したのは23社。被害を受けたのは53社でした。

8割近い神社が無事と、かなり津波被害を回避していたのです。

神社の位置を調べると、津波浸水線のぎりぎりに多くの神社があり、津波が来たら、すぐに逃げ込める場所でした。

また、ジャーナリスト高世仁氏らの著書『神社は警告する』によると、著者らは福島県沿岸部の新地町から相馬市、南相馬市までの神社84社の位置を調べました。

すると、**多くの神社が津波浸水線ぎりぎりの場所、まるでそこで津波を止めたかのように、被害を受けた地域と受けない地域の境界にあった**のです。

なぜそんな絶妙な位置に神社があるのでしょうか？

高世仁氏らが調査した福島県沿岸部では、津波に流された神社は、低地への移転の歴史があるものが多く、建てられた時期も豊臣秀吉の時代から大正時代にかけて、比較的新しいようです。

無事だったのはいつ建てられたのか不明な、歴史の古い神社でした。

残った寺社のうち、数少ない由来のわかるものは1000年以上前に建てられていたとか。古い神社ほど被害をまぬがれた傾向があるようです。

1100年以上前、869年に三陸沖で巨大地震と巨大津波が発生しました。貞観《じょうがん》地震・津波です。東日本大震災は1000年に一度の規模と呼ばれましたが、それはこの貞観地震・津波と似ていたからでした。

無事だった古い神社は、貞観津波でも無事だった、または津波被害を受けない場所に移転した神社だったのです。

「のちの人たちには自分たちと同じ目にあってほしくない！」

神社は、水害に苦しんだ先人たちの知恵を、時代を超えて伝えているのです。

そしてスサノオです。

「のちの人たちには自分たちと同じ目にあってほしくない！」

水害でそう願った先人の祈りや見えない知恵の多くは、スサノオノミコトへの祈りとして結集しました。まるでフォルダ名「スサノオ」に、水害データを記録したファイルを集め、共有するかのようにです。

さきの高田知紀博士によると、宮城県沿岸部の神社で、スサノオをお祭りする神社の多くは、津波被害をまぬがれたということです。

スサノオと関係の深い熊野系神社も、11社中、10社が無事、1社も一部浸水ですんでいます。

ヤマタノオロチを退治したスサノオの秘密

スサノオといえばヤマタノオロチ退治伝説ですが、ヤマタノオロチが暴れた出雲の「斐伊川」は、古代より大洪水をくりかえしていました。

ヤマタノオロチは八つの頭と八つの尾を持つ巨大な龍ないし蛇ですが、**川の流れは**

龍や蛇にたとえられます。ヤマタノオロチはじつはこの斐伊川のことで、暴れて人々を苦しめたことは、斐伊川の大洪水をさしていたのです。

そのヤマタノオロチをスサノオが退治したのは、水害をおさめたということ。

つまり治水のご神徳が、スサノオにあるのです。

日本は自然災害の多い国です。先人たちがどのように災害を回避したか伝え続けることは、国づくり、地域づくりにおいて、大切なことでしょう。

その伝える仕組みのひとつが、神社のご祭神にどなたをお祭りし、どの場所に建てるかを選ぶこと。

災い多き地に、スサノオあり。

それは「ここは危ないよ」という警告であり、同時に「私のそばにいれば守るよ」という力強いやさしさなのです。

ご紹介したい沿岸部の神社があります。

岩手県・大船渡市三陸町の八幡神社です。

樹齢7000年余り、根元の幅4メートル超の三陸大王杉があります。くりかえす大津波を生き残ってきた巨樹に、きっと圧倒されることでしょう。

もう一社、**佐賀県・武雄市の武雄神社**をご紹介します。

ご神木が有名で、樹齢約3000年の大楠《おおくすのき》です。

佐賀県は自然災害が少なく、もし南海トラフ地震が発生しても、政府の想定では、佐賀県の津波被害は九州で唯一ゼロ。台風の主要経路ではないため、水害の被害も少なく、温暖な気候で、活火山がひとつもありません。

日本神話から読み解く！日本的な開運とは？

神社や神さまは、自然災害というきわめて深刻な場面において、のちの人の幸せを祈り、先人たちの思いのこもった知恵を伝える、大事な役割を果たしてきました。

日本の神さまは、けっして明るく前向きなだけの存在ではありません。

苦しみ、悲しみ、時に大きく挫折します。

光と陰を併せもつ存在です。

これは、「日本的な開運」の考え方にもあらわれています。

西洋的な開運の考え方は、ポジティブ思考で、プラスを積み上げていきます。

光と陰でいえば、光のみ。陰は排除し、ポジティブ１００％を目指します。

一方、**日本的な開運は、はじめに強い陰、強いストレスを経験します。**

「三貴子の誕生」という、日本神話でもっともめでたいエピソードをご紹介しましょう。

三柱の貴い神さまがお生まれになった神話です。

さきほど、父神イザナギが子のカグツチを剣で殺した神話があると紹介しました。母神イザナミノミコト（イザナミ）がカグツチを出産した際、カグツチは火の神であったため、陰部にやけどを負い、それがもとでイザナミは死にます。

妻イザナミの死を嘆き悲しむイザナギは、怒りのあまりカグツチを斬り殺しました。

この話の続きです。

「亡き妻に会いたい」。思いがつのったイザナギは、死者の世界である黄泉《よみ》の国に行きます。

「帰ってきてくれ」と頼むイザナギに、イザナミは「黄泉の国の神と相談する。その間、けっして私を見るな」と、黄泉の国の御殿の奥に引っ込みます。

見るなと言われると、神さまでも見ちゃうんですね（笑）。待ちきれずに御殿の中に入ったイザナギは、そこで変わり果てたイザナミの死体を見てしまい、びびって逃げ帰ろうとします。

「恥をかかせたな！」と激怒したイザナミは、イザナギを殺すべく、1500の軍勢で追いかけます。大量のゾンビに追われていると想像してください。

ほうほうの体で逃げ帰ったイザナギは、「なんともケガレた国に行ってしまった」（勝手なものですね）と、清らかな川で、みそぎをします。

裸になったイザナギは、川の深くにもぐり、体を清めます。

みそぎの終わりに、**左目を洗うとアマテラスオオミカミが誕生し、次に右目を洗うとツクヨミノミコト（ツクヨミ）が誕生し、最後に鼻を洗うとスサノオノミコトが誕生しました。**

「三貴子の誕生」です。

イザナギは、「私は多くの子を産んだけれど、最後に三柱の貴い子を得た！」とたいそう喜びました。

大きな災いを祓った後には、大きな幸運がやってくる！

「三貴子の誕生」が示すのは、大きな幸運の起こる前に、大きな災いが起こること。

その災いで付着した罪ケガレを、みそいで祓うと、大きな幸運がやってきます。

これが日本的な開運の考え方です。

「災いを経験しないと、幸運が来ないなんて……」と怖くなったかもしれませんが、脳科学の観点で見ると、非常に理にかなっています。

近年ストレスの研究で、わかったことがあります。

「ストレスは健康に悪い」と思い込んだ場合に限って、ストレスは有害となる。

スタンフォード大学の健康心理学者ケリー・マクゴニガル博士の著書で、ストレスは避けるのではなく、受けいれてうまく付き合うと、幸せ・健康・脳の成長など多くの面でプラスになることが、日本でも知られるようになりました。

ストレスを感じると、唾液からある2つのホルモンが検出されます。

コルチゾールとDHEAです。

コルチゾールに対するDHEAの割合は、「成長指数」と呼ばれます。コルチゾールの割合が高くなると病気のリスクが高まり、**DHEAの割合が高くなると病気のリスクが低下し、優れた精神力を発揮する傾向があります。**

成長指数の値は、**ストレスに対する「思い込み次第」**。

ストレスは害になると思えば害になるし、よい作用を及ぼすと思えばよくなるのです。

日本の国土と、三貴子を始めとする神々を生み終えた**イザナギは、淡路島多賀の地に隠居しました。兵庫県・淡路市多賀の伊弉諾《いざなぎ》神宮《じんぐう》の始まり**です。

日本最古の神社のひとつです。

一方、**イザナミを社名とする伊射奈美神社は、徳島県・美馬市に二社あります。**社名は同じですが、一社は美馬町、もう一社は穴吹町にあります。イザナギ・イザナミの神社を参拝し、**ストレスを開運に結びつけるメンタルをダウンロード**してみませんか。

「90度のおじぎ」で神さまの知恵をダウンロード

本書では、神さまの知恵をダウンロードすると何度も出てきますが、ここでひとつ「ダウンロードの作法」をお伝えしますね。

基本は「神さまにお任せ」です。

適切な人に適切な知恵やお役目がダウンロードされると、信じましょう。

参拝客ができることは、来たものを受けとるだけ。

ただ、その受けとる姿勢があります。

「90度のおじぎ」です。体の硬い方（僕もそうなのですが）など、90度のおじぎが難しい人は、深々とおじぎすることを意識してください。

拝殿で、お祈りは次の順番で行なうのが一般的です。

神さまの知恵をダウンロードする作法

①おさいせん箱の前で、神さまに向かって15度のおじぎ
②鈴があるときは、鈴を鳴らす
③おさいせんを、そっと入れる
④二礼（90度ほど腰を曲げ、頭を下げる）

⑤二拍手（二拍手の後に心の中で願い事や報告することを唱える）
⑥一礼（90度ほど腰を曲げ、頭を下げる）
⑦おさいせん箱の前から退出する前に、15度のおじぎ

礼の際に、90度で神さまに「おじぎ」することが、見えない知恵やお役目を神さまからダウンロードする姿勢になります。

90度のおじぎは、「拝《はい》」といい、もっとも「敬意」をあらわす礼です。

なぜ、90度のおじぎが、ダウンロードする姿勢なのでしょうか？

それは**神さまとのデータのやりとりは、「頭上」で行なうから**です。

祈りとは意宣《いの》り。意志の宣言です。

神さまは人々の祈りの集合体。つまり意志の集まりです。

体のない神さまとのコミュニケーションは、純粋な意志のやりとり。

そして人間にとって意志を司《つかさど》るのは脳、つまり頭部です。神さまの知恵を頭上で

受けとるのは、理にかなった姿勢といえます。

また他者に深く頭を下げることは、その人への「敬意」を示すことになります。

神さまにも「敬意」を示して、知恵やお役目を受けとりましょう。

深いおじぎは神さまへのマナーと、ご理解いただくとよいですね。

別に、深くおじぎをしないからといって罰はありません。

「マナーがなってない！」と怒られることもありません。

ただ尊敬していない相手の言葉を素直に受けとることは、難しいですよね？

僕たちは、尊敬していない相手からの教えは、受けとれない生き物なのです。

もちろん「尊敬しなさい！」と言われて、尊敬できるものでもありません。**だから**

まずは、動作から入ってください。

感謝の動作は、手を合わせる合掌でしたね。

敬意の動作は、深いおじぎです。

深くおじぎをすると、おのずと敬意を払える人になっていきます。

敬意を払える人とは、「教えを受けとれる人」です。

神さまの見えない知恵を、受けとるということですね。

感謝することも受けとることですが、対して、敬意を払うことの受けとるは、「この方の教えを受けとる！」という主体的・積極的な意欲があります。

「感謝」の受けとるは受動的、「敬意を払う」の受けとるは能動的なのです。

日本の武の達人は、神さまへのマナーも達人

神さまへの敬意・マナーを学ぶのによい神社が、武道の神さまを祭る鹿島神宮と香

取神宮です。

剣道や柔道など、日本武道の多くは、鹿島・香取神宮のご祭神を元祖とします。

茨城県・鹿嶋市の鹿島神宮は、日本最強の軍神タケミカヅチをお祭りしています。

戦国時代を代表する剣の達人・塚原卜伝は武者修行の後、鹿島神宮に千日こもり、鹿島の太刀の極意を悟りました。

千葉県・香取市の香取神宮は、日本最強の刀剣「フツヌシ」をお祭りしています。

室町時代の武将・飯篠《いいざさ》長《ちょう》威《い》斎《さい》は、香取神宮境内で千日ごもりの修行をし、剣の奥義をきわめます。その後、兵法三大源流のひとつ、現存する武術では日本最古の天真正伝香取神道流をつくりました。

長威斎のお墓のそば約10メートルにある香取神宮・奥宮は、**気の強い人が自分をコントロールするのにおすすめ。**最強の神フツヌシの荒ぶる魂を祭るお社です。

この2人以外にも多くの武の達人が、両神宮で修行し、鹿島・香取の神さまから、技や秘伝の書をたまわってきました。

神さまの見えない知恵をダウンロードする。この一見謎の行為を、日本の武の達人たちはしてきたのです。**武の達人は、神さまへのマナーも達人でした。**

古来、多くの達人が訪れた両神宮を参拝し、武の達人から、ぜひ「神さまへのマナーの知恵」もダウンロードしてくださいね。

ご神気を取り込むには、ゆっくりした動作がポイント

とりあえず、神さまに頭を下げておけばいいのね。

ちぃーす。

そう思われた不届きな方、いますかね（笑）。

もうひとつ大事な「ダウンロードの作法」をお伝えします。

神さまの知恵、お役目、ご利益。これらを受けとるスペースを自分の心の内側につくるレシピです。

90度のおじぎ「拝」は、正式には3秒かけて行なう、ゆっくりとしたおじぎです。

頭を下げる1秒、止まって1秒、頭を戻す1秒です。

ストップウォッチで計測なんて誰もしないですよ（笑）。ただの目安です。

神さまと心を通わせるには、小笠原流礼法の「礼三息《れいさんそく》」が参考になります。

「礼三息」とは、息を吸いながら腰から上を前に倒し、止まったところで息を吐き、そしてふたたび息を吸いながら元の姿勢に戻るまで、ゆっくりと行なう一連の動作です。

「吸う」「吐く」「吸う」で、「三息」。

最初の吸うで1秒、吐くで1秒、最後の吸うで1秒、これで計3秒になりますね。

このように時間をかけてゆっくりおじぎをすると、おじぎに深みが生まれ、「心の

ご神気が入ってくる「間=スキマ」をつくるおじぎ

1. 息を吸いながら、腰から上を前に倒す（1秒）

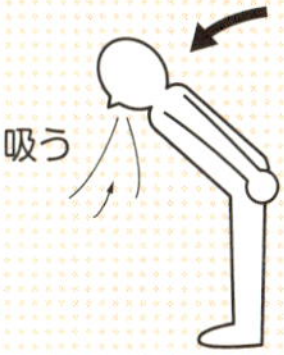

2. 90度のおじぎで、止まったところで息を吐く（1秒）

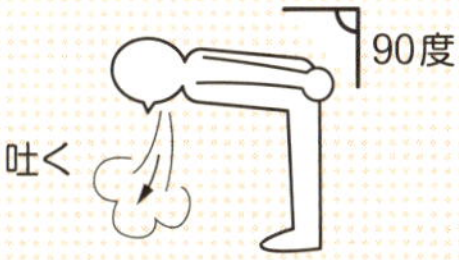

3. 頭を戻す（1秒）

ゆとり」があらわれます。この「心のゆとり」が重要なポイントで、前作『成功している人は、なぜ神社に行くのか?』では「スキマ」と表現しました。

ゆっくりした動作から生じる**「間（ま）」に、神さまのご神気が入ってきて、見えない知恵やお役目・ご利益を授かる**のです。

すぐに顔を上げる、心のこもらない軽いおじぎではなく、**神さまとあなたとの間で、お互いの心を通わせるために、十分な「間」をとったおじぎをするのです。**

「厄除け体質」になりたかったら、礼儀を守る人になりなさい

エポケーってご存じですか?

オーストリア出身の哲学者エトムント・フッサールが提唱した考え方で、「カッコに入れる」ことだとされています。意味不明ですね（笑）。

エポケーとは「判断を保留する」こと。古代ギリシア語で、停止・中止を意味します。

未知のことに出会うと、自分の価値観では判断しきれないことがあります。このとき、とりあえず判断を保留して様子を見ます。

この世界、この現実で起こる現象を、ただ起こったこと、あらわれているものとし、断言しません。

肯定も否定もせず、でも無視するわけでもなく、カッコという袋に入れておく。

こんなことがあったなあと。でもそのことについて判断や評価はしません。

これが「カッコに入れる」です。現実に対するあらゆる判断を保留する。

こんな人と仕事をしたら、いつまでたっても何も進みませんね（笑）。

だから、結局は判断するのですが、その前に「ひと呼吸」を置く。「間」をつくるのです。

ストレスを感じたときも、エポケーで判断保留する。

礼三息はエポケーの実践法になります。ゆっくり呼吸し、そして「いま、吸っている。いま、吐いている」と意識するとよいですね。

「不安と回避の悪循環」といって、不安は避ければ避けるほど、かえって恐怖感が強まり、ますます不安になります。

そこで、ストレスを感じたら、神社に行き、ゆっくりと参道を歩き、ご神前では礼三息でゆっくりと祈り、生じた「間」に、神さまのご神気を招き入れます。

神社参拝は、ただエポケーしているだけの時間です。何も判断・評価しません。

ストレスを感じたときは、その「間」が貴重で、じつはストレスを感じると、やる気を高めるアドレナリンやテストステロンが分泌されます。

さらに幸せホルモンと呼ばれるオキシトシンが分泌されて、大切な人たちへの愛情や思いやりが深まります。

判断保留して「間」を置くと、そのスキに（？）脳から、やる気や愛が自動的にわいてくるのです。

厄介な出来事は、人生で起きます。

ですが、**「間」を置くと動じなくなる。**適切に対処する「心のゆとり」が、生じるのです。

礼儀作法は、体にこの「間」のリズムを覚えさせるもの。

だから**礼儀を守る人は、厄除《やくよ》け体質になります。**

厄除けといえば、おすすめの神社があります。

向かうすべての方角の不吉や災難を払う、八方除のご利益で有名な千葉県・千葉市の千葉神社です。

千葉神社のご祭神は、妙見《みょうけん》さまと呼ばれ、北極星と北斗七星を神格化しています。

北極星は1年を通して北の同じ位置にあります。

その常に一定の姿は、動じない心そのもの。ひと呼吸する「間」を、僕たちに思い出させてくれるでしょう。

感謝は良縁を結び、謝罪は悪縁を断つ

厄除けといえば、平安時代に、怨霊を神さまとしてお祭りすることで、災厄をまぬがれようとする信仰が生まれました。

それが、**御霊《ごりょう》信仰です。**

怨霊とは、恨みや憎しみを残して死んだ者の霊のこと。

戦争で負けた、政争で失脚した、無実の罪をかぶらされた人たちの霊は、その敵に災いをもたらし、疫病や災害で社会全体にも災いをもたらすと考えられました。

そこで、怨霊を尊い存在である「御霊」として崇《あが》め、謝罪の意をあらわしたのです。

御霊信仰は、

「私が悪かったー！　許してくれー‼」

という、罪悪感のかたまりのような信仰といえるでしょう。

許しを乞うて、罪悪感を減らすのも、神社の役割。**神社は感謝する場所とよくいわれますが、もうひとつ大事なのが謝罪です。**

感謝は良縁を結びます。

謝罪は悪縁を断ちます。

関わりの深い出来事や人間関係ほど、「ありがとう」だけでなく「申し訳ない」もあるでしょう。

また、自分自身に対しても「申し訳ない」があるのでは？

素直な自分の意志は、神さまです。

その素直な自分の気持ちを無視し、ないがしろにすると、悪縁を引き寄せます。

謝罪は、罪悪感を減らし、罪ケガレを祓います。

神社は感謝だけでなく、謝罪の意志を伝える場所とご理解ください。

御霊信仰の神さまは、人間の陰の部分をあらわします。

誰だって、自分が悪者だとは思いたくないもの。

しかし神社は罪ケガレをお祓いする場です。

あなたの罪ケガレ、罪悪感を見つめる場でもあるのです。

誰にも言えない罪の意識についても、神さまの前でなら、言えるのではないでしょうか。

御霊信仰でいちばん有名なのは、菅原道真をお祭りする天神信仰です。

京都府・京都市の**北野天満宮**、福岡県・太宰府市の**太宰府天満宮**、東京都・文京区の**湯島天満宮**など、一般的には学問の神さまとして、受験の合格祈願で親しまれています。

日本を代表する怨霊といわれても、ピンとこないかもしれませんね。

怨霊にお任せ！　正しい縁切りのススメ

より怨霊のイメージに近いのは、「縁切り神社」と呼ばれる神社です。

有名な縁切り神社に納められた大量の絵馬には、誰かへの恨みつらみがこれでもかといわんばかりに、つづられています。拒絶する相手への祈りなので、とてもご紹介できない内容も多く、怖くなる人、気分が悪くなる人も少なからずいます。

僕自身、冷たいカミソリのような冷気、底冷えする悪寒がして、正直近寄りたくない神社です。縁切りのご用がある人だけ、神社名などお調べになってください。

縁切りの神さまといえば、崇徳《すとく》天皇です。

「日本三大怨霊」の崇徳天皇です（ちなみに他の2人は、菅原道真と平将門です）。

崇徳天皇は、歴代天皇の中でも、トップクラスの不幸・不遇を経験しました。父の鳥羽天皇から「私の子か？ 父の子では？」と疑われたのを皮切りに、生まれてから死ぬまで、時の権力者に拒絶されつづけた人生だったのです。

戦争に破れ、罪人として讃岐国（いまの香川県）に軟禁された崇徳院は、**金刀比羅《ことひら》宮《ぐう》**にこもり、禁欲生活を徹底します。

その欲を断ち切る姿勢から、悪縁を断つ「縁切りの神さま」になったといわれますが、僕はこう解釈しています。

「大事な人から、縁を切られるほど憎まれたから、縁切りの神さまになった」と。

戦いで惨敗したタケミナカタは、日本一の勝利の神さまになりました。父に憎まれ縁を切られた崇徳院は、逆に憎い相手との縁を切る神さまになったのです。

縁切り神社で参拝者が祈る、誰かへの強い拒絶の気持ちと、死ぬまで拒絶され続けて怨霊となった崇徳院の遺志は、怨念の表と裏です。

神社は「お祓い」するところです。

恨みつらみも、罪ケガレとして祓って清めます。

恨みつらみは、絵馬に物理的に書き出すだけでも、多少すっきりします。

宛先もなく、誰に見せる目的もなく書くことは、罪ケガレを外に吐き出すことだからです（特定の誰かや不特定多数に見せる目的で書くと、執着を生みます）。


吐き出された罪ケガレは、神社でお祓いして清められます。

もし、その恨みつらみをそのまま現実に解き放ったらどうなるでしょう？

それは多くの人を不幸にするだけです。

縁切りの基本は、自分の中で決めて断つこと。

崇徳院は、自分を拒絶した相手との縁を、自分の中で断てず、怨霊になりました。

御霊信仰では、強い怨念ほど、浄化すると、強力に守護してくれると考えます。

怨念を浄化するのも神社の役割。

その恨み、神社に晴らしに来てください（笑）。

4章

Chapter four

潜在能力を解放する「目に見えない世界」との上手な付き合い方

①《北海道・札幌市》北海道神宮
(228ページ)
②《北海道・旭川市》上川神社
(229ページ)
⑮《長野県・長野市》
戸隠神社 (265ページ)
⑩《青森県・十和田市》十和田神社 (252ページ)
⑯《山形県・鶴岡市》出羽三山神社 (265ページ)
⑲《新潟県・西蒲原郡》彌彦神社 (268ページ)
㉑《群馬県・高崎市》榛名神社 (279ページ)
⑥《栃木県・日光市》日光東照宮 (236ページ)
④《福島県・いわき市》
小名浜諏訪神社内・摂社末社/出羽三山神社 (235ページ)
③《埼玉県・さいたま市》武蔵一宮氷川神社内・摂社/門客人神社 (233ページ)
⑭《埼玉県・さいたま市》武蔵一宮氷川神社 (265ページ)
⑧《東京都・青梅市》
武蔵御嶽神社
(243ページ)
㉓《沖縄県・那覇市》波上宮
(286ページ)

※番号は登場順を示します

リュウ博士の

日本地図でひと目でわかる!

全国主要おすすめ神社④

「見えない世界編」

この４章で紹介する、もっと成功するよう、「見えない世界」と上手に付き合うためにおすすめの神社はここだ！

あなたの潜在能力を解放する「封印された神さま」

Success

「封印された神さま」「消された神さま」。

神社参拝にちょっと関心が出ると、こんな言葉に興味をもつ人もいます。

セオリツヒメ、ニギハヤヒノミコト、ククリヒメ、クニノトコタチ……。

封印された神さまとよくいわれる方々のお名前です。

いったいどういう意味合いがあるのでしょうか？

本書の視点で読み解くと、まず神さまとは、私やあなたのことでした。

そして神さまはたくさんいて、八幡《はちまん》さまやお稲荷《いなり》さんなどさまざまなお名前で呼ばれています。

これら個々の神さまは、「いろいろな私、さまざまな自分」とするのが本書の解釈です。

「いろいろな私、さまざまな自分」は、心理学の用語でサブパーソナリティ（副人格）といいます。

サブパーソナリティは、あたかもひとりの人格です。

個々の神さまは、私のサブパーソナリティ、**私の中の象徴的なキャラクターのひとつととらえる**のです。

封印された神々もまた、私のサブパーソナリティのひとつと考えてみましょう。

封印された神さまを、「私の中の封印された部分」ととらえるのです。

僕自身、ニギハヤヒノミコト（略称ニギハヤヒ）を追いかけた時期がありました。

ニギハヤヒは、初代天皇の神武天皇より先に大和の地を支配した神さまです。

神々の世界を統治するアマテラスから十種神宝《とくさのかんだから》と呼ばれる、三種の神器のようなものを授かり、地上に降臨。

ですが、神武天皇に国をゆずりました。

「あれ？　ニギハヤヒの方が神武天皇より正統な地上の支配者なのでは？」
素直に神話を読むと、神武天皇と同等かそれ以上に有力な神さまに思えます。

しかも「日本」の名付け親です。

そのため、天皇家を中心とした国家ができる前のこの国の王だとも、じつは本当のアマテラスで、アマテラスは女神ではなく男神（＝ニギハヤヒ）、そして妻神が皇后セオリツヒメだという説もあります。

ニギハヤヒもセオリツヒメも、時の権力者に存在を消され、長く正当な扱いを受けてこなかった。でも**いまこの時代に復活するという、現在進行形の神話があります。**

もちろん、そんな太古の話、いまさら事実関係なんてわかりません。
ここまで読んで、現在進行形の神話におけるニギハヤヒやセオリツヒメが、いったい何のサブパーソナリティなのかわかるでしょうか？　それは……、

失われた「理想の自分」です。

そして、その理想の自分をいま取り戻そうとしているということです。

この「いま取り戻そう」がないと、封印された神々は、大事な何かを不当に奪われた被害者の私、現実逃避と過去を責めるサブパーソナリティになりかねません。

これでは、むしろ自分の中に「封印」を増やします。**過去を否定すると、その過去のサブパーソナリティが封印されるからです。**

ですから、「理想の自分をいま取り戻そう」にフォーカスするのが重要です。

封印された神々を、封印された自分の潜在能力ととらえるのです。

北海道の神社で、困難に打ち勝つ知恵をダウンロードする

潜在能力を解放し開放するコツは、自分の中の不満分子を味方につけること。

ネガティブな自分の中のサブパーソナリティを、ニュートラルに戻すのです。

そのためのおすすめは、**北海道の神社参拝です。**

北海道は、明治維新期の戊辰《ぼしん》戦争で負けた側の武士や、未開拓の地に夢を求めた人たちが移住し開拓を進めました。

ネガティブな過去と厳しい環境の中、前向きに生きた開拓者魂は、北海道民の、おおらかさや新しいもの好きに影響しているようです。

北海道の中でも特に、**北海道・札幌市の北海道神宮がおすすめ**です。

封印された神々の代表格オオナムチノカミ（略称オオナムチ。出雲大社のご祭神オオクニヌシの別名）など開拓三神と明治天皇をお祭りしています。

ニギハヤヒとオオナムチ、どちらも自らの国を敵にゆずり渡しており、よく似た神さまです。

しかし、ニギハヤヒと違って、**オオナムチは「困難な状況において、何度も自ら道を切り開いてきた物語」をもつ神さまです。**

封印されてもされっぱなしにならず、たくましく自らを開拓してきた神さまの知恵を、北海道神宮からダウンロードしてくださいね。

また北海道神宮以外だと、**旭川市の上川神社は、かつて天皇陛下の離宮建設予定地だった場所にあり、おすすめです。**

じつはすごい！大きな神社の中の小さなお社

潜在能力の解放には、大きな神社の中の小さなお社への参拝もおすすめです。

たまに、こんなご質問をいただくことがあります。

「神社の中に、たくさん小さなお社がある神社がありますよね。そういうときは、ぜんぶのお社に参拝しなきゃいけないでしょうか……？」

ぜんぶ参拝するのは、大変だなあということでしょう。実際、神社の中のすべてのお社をマメに参拝する方は、ほとんどいません。

気にせず、参拝されたいお社だけ参拝すればよいのでは？　なんていうと、これで話が終わるので、もう少し突っ込んで解説します（笑）。

会社に本社と支社・支店があるように、神社にも本社と支社・支店があります。**この神社の支社・支店を、「摂社・末社」と呼びます。**

「摂社」と呼ばれるには条件があって、たとえば本社ご祭神の伴侶や子にあたる神さまを祭る神社は摂社です。その他、本社ご祭神と特に関連ある神社が摂社とされます。そして摂社の条件を満たさないものが「末社」です。

この**「摂社・末社」、じつは関連する神社との接続ポイントです。**

摂社・末社を介して、本社と関連する神社が、**見えないデータのやりとりをしていると**、想像してください。

たとえば、先に紹介した武道の神さま「鹿島神宮」と「香取神宮」は関連の深い神社です。

その深い関係が、両神宮の摂社にもあらわれています。

鹿島神宮の境内には、大鳥居を入ってすぐの左手に、沼尾社遥拝所があります。鹿島神宮の北方4キロにある摂社の沼尾社を遠くから拝む場所で、ご祭神は香取神宮の神さまフツヌシです。

香取神宮の境内には、本殿に向かって右後ろに鹿島新宮という摂社があります。神宮ではなく新宮。ご祭神は鹿島神宮の神さまタケミカヅチです。

鹿島神宮の摂社に香取神宮の神さまがいて、香取神宮の摂社に鹿島神宮の神さまがいる。

こうして、両神宮の間に相互接続のネットワークが結ばれ、鹿島神宮での祈りが香取神宮にも届き、香取神宮での祈りが鹿島神宮にも届くわけですね。

お時間があれば、摂社・末社にどんな神さまがお祭りされているか、チェックするとよいでしょう。

それで、もしご自身のお好きな神さまや、気になっている神社があれば、参拝します。

そのお社、そこの神さまは、きっといまのあなたに必要なのです。

中には本社のご祭神よりも、何かを感じる摂社・末社があるかもしれませんね。

小さなお社には「封印された神さま」が多い

摂社・末社でのおすすめは、たとえば、埼玉県・さいたま市の武蔵一宮氷川神社の摂社で、**本殿に向かって右手にある門客人《もんきゃくじん》神社**です。

門客人神社のご祭神は、アシナヅチとテナヅチ夫婦。

武蔵一宮氷川神社のご祭神スサノオノミコトとクシナダヒメも夫婦ですが、クシナダヒメの父母がアシナヅチ・テナヅチです。スサノオノミコトにとっては、義父・義母ですね。

ここでいかにも「封印された神さま」な話があるのですが、**武蔵一宮氷川神社内摂社の門客人神社は、かつては「荒脛巾《アラハバキ》社」と呼ばれていました。**

アラハバキは東北地方に多くお祭りされていますが、**古事記・日本書紀には記述のない謎の神さまです。**

近年、アラハバキは神武天皇の「最強の敵」だったナガスネヒコ一族の神さまで、彼ら一族が東北の津軽まで落ちのびていた説が広まりました。

ナガスネヒコは、妹の夫で主君のニギハヤヒになぜか殺され、ニギハヤヒは神武天皇に国をゆずります。もしナガスネヒコが死なずに東北に逃げ、そして**アラハバキをお祭りしたのだとしたら、まさに「封印された神さま」でしょう。**

門客人神社は、一般にもともとのその地域の神さまをお祭りしています。

それが時の権力者に服従して、住民は新たな神さまを祭ることになり、もともとの神さまは「客神」とされたのです。

摂社の中には、こうした征服された神さま、すなわち「封印された神さま」のお社が少なくありません。本社に加えて、ぜひ、ご参拝されてください。

もう1か所おすすめなのが、福島県・いわき市の小名浜諏訪《すわ》神社の摂社・末社。

海岸近くの開放的な神社で、青い鳥居が特徴的です。

こちらは本社の裏手に、神籬《ひもろぎ》という、古代よりご神事を行なうときに臨時に設けられる場所が2か所あり、そのめずらしさもあって印象に残る神社です。

特にそのひとつの**出羽三山神社は、背後のご神木と併せて素晴らしい**です。

お墓は「我が家の神社」だった！

小さなお社の次は、もっと身近なお社「お墓」について解説します。

「お墓は、神社じゃないでしょう?」と疑問に思われるかもしれません。

もっともなお考えですが、**じつは、お墓は「我が家の神社」なのです。**

お墓参りは、仏教の習慣だと多くの人が思っておいででしょうが、もともとはそうではありません。

仏教は輪廻転生《りんねてんしょう》、すなわち「生まれ変わり」を信じています。

ですから、ご先祖さまを拝む理由がない。49日たてば、死者は生まれ変わるとされるからです。

「あの世」は存在しない。だからご先祖さま供養も要らない。

これがお釈迦《しゃか》さまの説いたインド仏教のスタンスでした。

いっぽう、日本の神道は「祖霊信仰」です。

一族のご先祖さまを神さまとしてお祭りしたわけですね。

たとえば**大阪府・東大阪市の枚岡《ひらおか》神社**は、中臣氏の祖先アメノコヤネノミコトをお祭りしています。**栃木県・日光市の日光東照宮**は、江戸幕府の初代将軍で、徳川氏の初代である徳川家康公が神さま「東照大権現」としてお祭りされています。

この祖霊信仰の伝統は、古代中国にもありました。

古代中国は、孔子がつくった儒教の思想が支配的。儒教は祖霊崇拝や葬式を中心とする宗教で、中国仏教にも取り込まれました。

この中国仏教が日本に伝来し、日本の祖霊信仰と結びついて、「お墓参り」という風習が、日本仏教でも定着していくこととなったのです。

もっとも現代のように、誰でもお墓を建てるようになったのは、昭和30年代の高度経済成長期以降のこと。それまでは、一部の権力者やお金持ちだけの世界でした。

ここで思い出してください。神さまの正体とは何でしたか？

神さまとは、僕たち全員の「素直な祈り」の集合体でしたね。

だから、お墓にも神さまがいます。

神社は、不特定多数が参拝する「みんなのための場所」です。

一方、お墓は基本的に家族しか参拝しません。

お墓の神さまは、お墓参りをする人たちの祈りの集合体です。

だから、**家のお墓は「自分の家の先祖をお祭りする神社」「我が家だけの神社」**ともいえるわけですね。

結婚のような家族に関する願い事なら、お墓に行こう！

２章でも紹介した、１２００人の統計データでは、神社参拝と金運は関係があり、お墓参りと金運は関係がない。**しかしお墓参りには、幸福度を高める効果があると示されていました。**

人脈は金脈です。神社インターネットで、広範囲に人々とつながる神社参拝が、金運アップになるのは、ごく当たり前のことでしょう。

同時に、家族としかつながらないお墓参りが、金運アップに影響しないのも、また当たり前のことです。

しかし、**家族とのつながりだけで、人は幸せになれます。**

また**お墓参りは、結婚のような個人的かつ家の願い事も応援してくれます。**

たとえば知人の女性は、親御さんが彼氏さんとの結婚に難色を示していました。

しかしお墓参りしたタイミングで、「じゃ、結婚したらいいじゃん」とすんなり許可してくれたそうです。

お墓のご先祖さまが、家族に対して「見えない根回し」をしてくれたわけですね。

ちなみに、お墓には「仏式」と「神式」があります。

大半の方が仏教のお墓、すなわち仏式を選びますが、神道のお墓もあります。それが神式です。

仏式だと戒名をつけますが、神式だと霊号になります。

霊号の場合、姓名の後に、男性は彦や大人《うし》、女性は姫や刀自《とじ》がつき、最後に命《みこと》や神《かみ》がつきます。

僕なら、「八木龍平彦神」「八木龍平大人命」といったところでしょうか。

こうなると、本当に「死んでから神さま」ですね。

日光東照宮では、2014年から神道専用の霊園と宗教不問の霊園の両方を運営しています。神社がお墓を運営するのは、めずらしいですね。

本殿裏の奥宮は家康公のお墓です。

日光東照宮を訪れる方は、ぜひ奥宮までご参拝ください。

そうそう、「家康公は封印されていないよね」と思われるかもしれません。

ですが、明治維新で徳川家は政権を追われました。

日光東照宮に、家康が滅ぼした豊臣家の祖「豊臣秀吉公」もお祭りされたのは、1873年です。

ちなみに神さまとしての秀吉「豊国大明神」をお祭りする神社は、家康が生きていた江戸時代初期に廃止されます。

しかし、ひそかに**京都府・京都市東山区の新日吉神宮**《いまひえじんぐう》にご神体がうつされ、お祭りされ続けました。

死んでも見えない世界で権力争いが続くのだから、えらい人は大変ですね（汗）。

本気で運気を上げたい人は、どこの神社に行くのか？① 道を極めるなら山の神社

本気で運気を上げたいなら、ただ人気の神社に行けばいいわけではありません。

あなたの状況に合った神社に行くと、運気がよりぐっと上がります。

「運気を上げる」という視点に立つと、神さまは2つのタイプに分かれます。

「山の神さま」と「海の神さま」です。

状況によって、山の神さまがよいのか、海の神さまがよいのか分かれるのです。

神社で、もっとも古くから、そしてもっとも多く用いられていた祈りの言葉に「大《おお》

祓詞《はらえことば》」というのがあります。

ここでの「大」は「全体」「公」という意味で、**社会全体の罪ケガレや災いを取り除くための祈りの言葉が大祓詞です。**

この大祓詞をひもとくと、神さまの2タイプ、それぞれの役割が見えてきます。

この国の祓いの仕組みを、ものすごく単純に言うと、

「神々が祓い清めたすべての罪は山に集まり」

「セオリツヒメがその罪を川から海に流し」

「ハヤアキツヒメが沖合で罪を飲み込み、海の底深く沈め」……という順番です。

さらに続きはありますが、あの世の話なので、割愛します（失礼！）。

「祓い清められたすべての罪が山に集まる」というのがポイントで、山の神社に参拝すると、この**「祓い清められた罪」をダウンロードできる**のです。

「祓い清められた罪って何？」と問われるでしょうね（笑）。

それは、**解決すべき社会の課題です。**学問・芸事・武道・スポーツ・医療・ビジネスその他あらゆる分野におけるチャレンジすべき課題です。

山の神社に行くと、解決・チャレンジすべき最先端の課題をダウンロードできるのです。

その課題を解決する「お役目」を山の神さまから与えられるわけですね。

最先端に立つ。それが山の神さまのご利益です。

道を極める、独創性を発揮するなど、この世の最先端に立とうとする人は、山の神社に参拝すると、そのための適切な課題を、無意識のうちに知るでしょう。

日本オオカミを守り神とする**東京都・青梅市の武蔵《むさし》御嶽《みたけ》神社**は、関東の山岳修行の中心地として信仰されてきました。

多数のメダリストを輩出したウェイトリフティング一家の三宅ファミリーも、この武蔵御嶽神社によく参拝されています。

世界のトップを目指す孤高のアスリートに、山の神さまはピッタリですね。

本気で運気を上げたい人は、どこの神社に行くのか？②　世に広げるなら海の神社

では、海の神さまにはどのようなご利益があるでしょうか。

それは一般への拡大です。広がる、普及するといったことです。

山と海をつなぐ川を思い浮かべてください。

山は川の水源があり、上流は狭くて流れが急で、水はきれいです。

一方、海に近い下流は広くて流れがゆるやかで、水は汚いです。

純粋に自分を高め、とぎすませていくのが、山の神さまのご利益だとしたら、**海の神さまは、清濁併せ飲みながら、広く世の中と関わり拡大していくのがご利益なのです。**

山の神さまは「源」
海の神さまは「拡大」

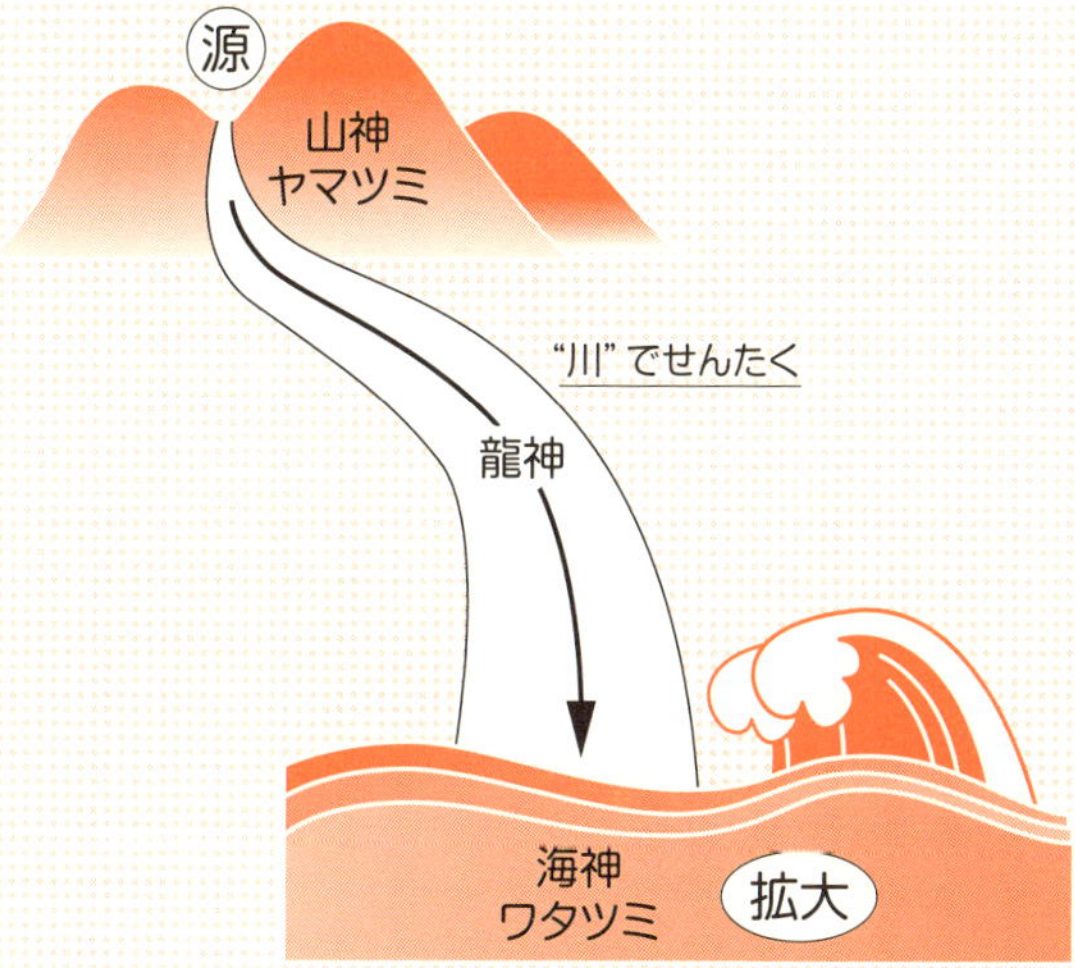

山に集められたすべての課題は、いわばインスピレーションの「源」です。

この「源」が、具体的な形になり、世の中という海に流れこんで「拡大」します。

広く世の中に何かを広げたい人は、海の神さまの神社をご参拝ください。

もちろん広がる過程で、多くのお金も集まるでしょう。


海神の神社といえば、福岡県・福岡市東区志賀島の志賀海神社が代表格。

海の神さまワタツミを祖とする、阿曇氏の子孫が宮司をお勤めの由緒ある神社です。

初代天皇である神武天皇の祖母と母は、ワタツミの娘でした。

神武天皇の祖父「山幸彦」は、ワタツミの助けで、兄弟間の争いに勝利しました。

それだけ古代に大きな力をもっていた神さまの神社です。**全国の龍が集まる「龍の都」**ともいわれる、すごい神社ですよ。

昔話『桃太郎』から読み解く！ 龍神さまのご利益を受けとる方法

さて、「龍の都」の話が出たところで、龍神さまの話もしましょう。

さきほどの図で、龍神さまと「川でせんたく」について、説明していませんでした。

僕は講演会で、『桃太郎』の話をすることがあります。

誰もが知る昔話の『桃太郎』の最初に、じつは龍神さまが登場しているのをご存じでしょうか。ご存じないでしょう（笑）。

おばあちゃんが川で洗たくをしていたら、上流から大きな桃が流れてきますよね。

この「川」は、じつは龍神さまです。

龍神さまとは、「流れ」のシンボル。流れを司《つかさど》る神さまです。

流れとは、この世に無数に存在する人々の思いや願いがベクトル化したもの。

つまり、**ある方向性をもった人々の祈りの集合体が、龍神さまの正体です。**

だから「川」が龍神さまなのですね。

そして「桃」は、幸運のシンボルです。龍神さまが、桃というよきことを運んできてくれたのです。


では、どうしたら、龍神さまがよきことを運んでくれるのでしょうか？

それが「せんたく」です。

川へ洗たくに行くと、龍神さまがよきことを運んでくる。

川とは龍神さまであり、龍神さまとは「流れ」でした。

そして、洗たくは「せんたく」です。

「せんたく」すると、龍神さまの「流れ」から、幸運がやってくるのです。「桃」を持ってきてくれるわけですね。


「せんたく」とは、「洗たく」であり、「選択」であり、「宣託」です。

「洗たく」は、汚れを落とし、気分を一新し、体の疲れを癒すことです。

衣服の洗たくだけではありません。おそうじも、片づけも、お風呂に入ることも、リフレッシュの時間をもつことも、すべて洗たくの一種。

神社参拝も、神職さんの「お祓い」も、洗たくですね。

よき流れを呼び込める「せんたく」法とは？

そして「選択」です。選び、決めることです。
どれがよいか、どこに住むか、誰といるか、何をするか。人生は選択の連続ですね。
ちゃんと自分の意志で選択していますか？

その選択、本当によいと思っていますか？

妥協して、仕方ないと思っていませんか？

さきほど「龍神さまがよきことを運んでくれる」と申し上げました。

なぜ、よきことが運ばれてくるのか？

それは自分がよいことを「選択」したからです。よいと思うことを選択すれば、よい時間が過ごせます。

当たり前じゃないか！　とつっこまれそうですが、だったらどうして、よいと思わないことを選択するのでしょうか？

自信がないからです。自分で自分を幸せにする自信も責任感もないからです。

その自信と責任感のある状態こそ、「龍神さまがついている」「龍神さまが味方している」という状態なのです。

自信と責任感のある人は、流れを呼び込めます。

「それは、自分で自分の味方をするということ？」と問われれば、正にその通りです。

自分自身が力強い味方になれば、「よい流れ」がどんどんやってくるでしょう。**よいと思うことを選択しつづければ、ずっとよい人生です。**

祈りは「意宣《いの》り」。神社でおのれの意志を宣言するのも、それだけ「選択」が大事だからです。

「せんたく」の最後は「宣託」です。託宣《たくせん》ともいいますね。

「直感」「直観」「インスピレーション」と呼ばれるものが、「宣託」です。

それは素直な心の動きであり、突然わいてくる「ひらめき」です。

ひらめいたら、実行する。思いついたら、やってみる。

それはあなたの人生によき変化をもたらし、新たな流れを呼び込むでしょう。

「せんたく」すると、龍神さまという流れから、幸運がやってきます。

だから自信をもって、「せんたく」してください。

山の神社にも海の神社にも、龍神さまはいます。

流れに逆らって「源」を目指すか、流れに乗って「拡大」するか。

神社で「せんたく」するのです。

とっておきの龍神さまの神社をご紹介しましょう。**青森県の十和田湖畔にある十和田神社です。**

恐山と並ぶ修験道の聖地で、十和田湖、八郎潟、田沢湖を舞台に三龍神が恋と戦いをくり広げた龍神伝説があります。湖は美しく、観光地としても素敵ですね。

男性性はしめて開運する！

「流れ」という龍神さまのはたらきを知ると、**女性性と男性性では、開運の仕組みが違う**ことがわかってきます。

本書では、**女性性を「上から下に向かう気の流れ」**、**男性性を「下から上に向かう気の流れ」**とします。

性別の違いではなく、「気」の性質の違い。

注意していただきたいのは、**女性も男性も、両方の性質をもつことです。**

男性性は、下から上に燃え上がる「火」の性質で、流れに逆らい、狭い「上」を目指す気の流れです。競争的で成長を重視し、縦社会で出世しようとします。

女性性は、上から下に流れる「水」の性質で、流れに乗り、広い「下」に広がっていく気の流れです。受容的で共感を重視し、横社会でつながろうとします。

開運法が具体的にどう違うかというと、

女性性は「ゆるむ♪」、**男性性は「しめる！」**です。

男性性の運気は、「しめる！」と上がります。

チューブ式の容《い》れ物は、容器をギュッと握ると、中身が飛び出ますよね。**外から心**

身に強い圧力をかけると、男性性の運気は上昇するのです。

圧力とは、つまり「抑制する」こと。「〇〇したい」という衝動に任せて行動するのではなく、理性をはたらかせ、おのれの欲求を意識的にコントロールするのです。

男性性は、流れに逆らって上昇する運気です。自然な衝動や世の流れなんかに、おとなしく従いはしません（笑）。

それより自分なりの大義や理想など「志」に向かうことが大事です。

そのために欲求を抑制し、禁欲的に行動すると、運気が上昇し、天や宇宙などと呼ばれる、多くの人が無意識につながる見えない領域に、その志をアップロードすることが可能になります。

アップロードされた志は、多くの人に届くでしょう。

抑制するほど、気が外にもれない体質になり、運気が上昇していきます。

抑制は、男性性の運気の筋トレですね。

男性性は「下から上に向かう気の流れ」
女性性は「上から下に向かう気の流れ」

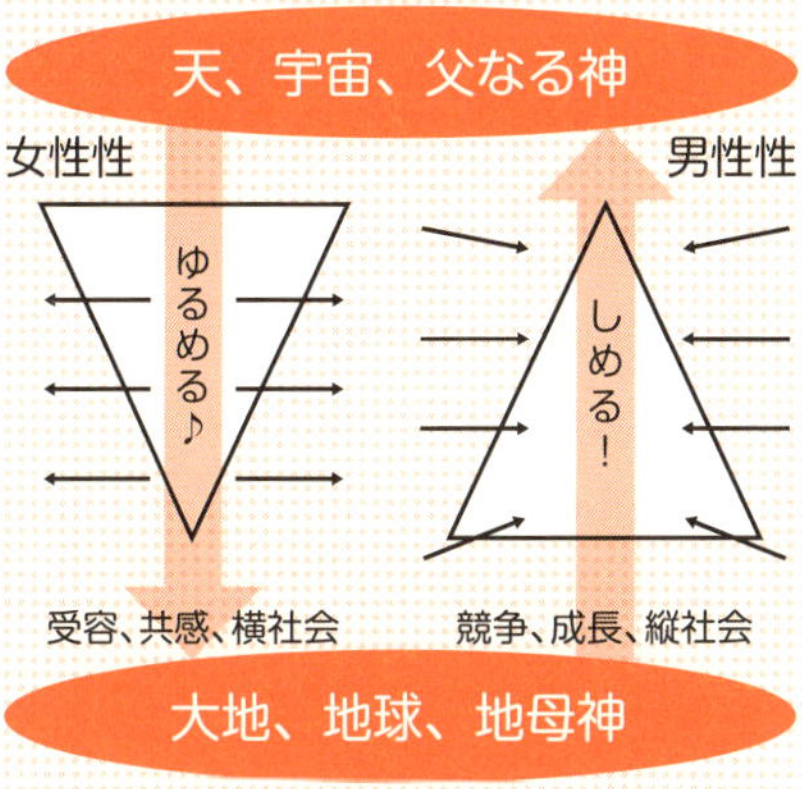

女性性はゆるめて開運する！

一方、女性性は「ゆるめる♪」と開運します。

女性性の開運のポイントは、「天から降ってくるお恵みを受けとる」です。

天から降ってくる運気とは、直観やインスピレーションといわれるもの。棚からぼた餅、略して「たなぼた」なんてのもふくまれます。

せっかく運気が降ってきても、間口にフタをしていると、受けとれません。

だから、受けとる間口を、広げておく。**その間口を広げる方法が「ゆるむ」ことです。**

たとえば、お風呂につかるとき、広い湯船だと、より「ほーっ」と体がゆるみます。

そうやって、体がリラックスすると、女性性の運気が広がります。

女性性の運気は、上がるのではなく、広がる。


「運を上げる」「運気上昇」という言葉自体が、じつは男性的ということですね。

女性性の運気が広がるには、他にもよい香りをかぐ、ふかふかのベッドで寝るなど、抑制とは正反対です。断食よりも、あたたかいスープですね。

トイレもきれいで広いとよいです。排泄行為《はいせつこうい》は、ゆるめて出すこと。リラックスして気分よく出せるトイレほど、運気も広がります。


その他、具体的な方法は、ご自身の体に確認してください。

体や心がリラックスする方法は、人によって違います。

たとえば、僕はぶらっと散歩するとリラックスしますが、妻は家で引きこもっているのが落ち着くようです。

女性性と男性性を統合して運気を上げる神社

神社にも、女性性と男性性の運気を学べる場所があります。

女坂と男坂のある神社です。

女坂はゆるやかだけど遠回り、男坂は急角度ですが近道です。

このような坂がある場合は、**男坂から上がって、女坂から下りてください。**

男坂から上がって男性性の運気を上げ、大地の気を「天」に届かせます。

次に女坂から下りると女性性の運気が広がり、天のエネルギーが「大地」に降り、根づきます。


これが、男性性の運気と女性性の運気の統合。

「しめて、ゆるめる」「ゆるめて、しめる」の循環で統合します。

統合は、2人で行なうとパートナーシップを強めます。

男性性を感じる相手と親密に交流すると、男性性の運気が上昇し、女性性を感じる相手と親密に交流すると女性性の運気が広がります。

この統合の感覚は、パートナーという存在を通して、初めてピンとくる方が多いでしょう。ひとりでもできますけどね。

女性性と男性性の統合といえば、日本三霊山のひとつ白山を神格化した女神さま「ククリヒメノミコト（菊理媛尊）」が代表的ですね。

白山山頂までには、3つのルートがあり、それぞれ起点となる神社があります。**石川県・白山市の白山比咩神社、福井県・勝山市の平泉寺白山神社、岐阜県・郡上市の長滝白山神社**です。

ククリヒメノミコトは、女神イザナミと男神イザナギの仲を取りもち、女性性と男性性をくくる縁結びの神さまといわれます。

そしてイザナミは黄泉《よみ》の国、つまり死者の国に行ったのを覚えていますか？

あの世のイザナミと、この世のイザナギの間を取りもったため、ククリヒメノミコトは見えない世界と見える世界をつなぐ巫女《みこ》的な神さまともいわれます。**「異質を統合し、進化させる」**高度なご利益の女神さまですよ。

量子力学的「正しい神社の歩き方」

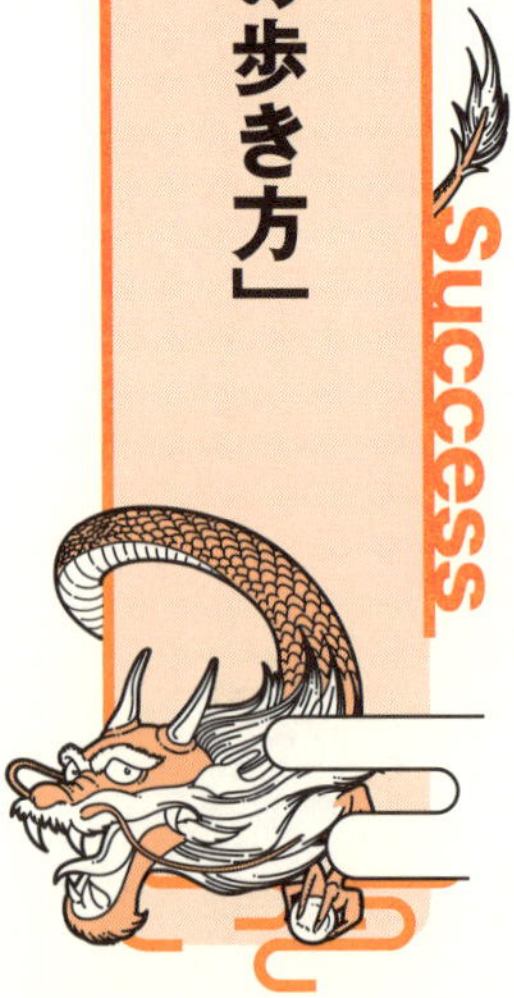

男坂から上がり、女坂から下りる。

上下の話をしたので、今度は「左右」の話をしましょう。

神社の鳥居をくぐるとき、左足から入りますか？　それとも右足から入りますか？

じつはマナーがあるのです。

入口で、向かって右側から入るとき、右足から入ります。
逆に、左側から入るとき、左足から入ります。

なぜそうするのでしょうか？　それは、鳥居の中の「上下関係」にもとづいています。

神社の中では、あの場所はこの場所より上位という決まりがあり、その上下関係にもとづいて、正しい歩き方のマナーがあるのです。

263ページの図をご覧ください。ご神座とは、ご神体の安置されている場所。ピンとこなければ、多くの参拝客が拝む建物の中心と思ってください。

いちばん上位は、「ご神座」。

次に上位なのは、ご神座の正面からのびる「正中《せいちゅう》」。

正中の次が、ご神座から見て左側の「左（さ）」。

その次が、右側の「右（う）」です。

入口で、向かって右側、つまり「左（さ）」から入るとき、右足から入ります。逆に、「右（う）」から入るとき、左足から入ります。

その心は、**真ん中の正中にお尻を向けない**ことにあります。

正中は神さまの通り道という尊い場所なので、失礼のないようにという配慮です。

同時に、**「神さまがいらっしゃる！」と意識する人があらわれると、「そこに、神さま的な何かが生まれる」**のです。


「そんなバカな！」と思われるかもしれませんが、意識の世界では十分アリです。

たとえば、願望実現に関するベストセラー『ネガティブがあっても引き寄せは叶う！』（MACO著／大和書房）では、量子力学的な知見にもとづいて「人間の意志と意識が現実を創る」と述べています。物質や意識の最小単位である素粒子は、人間に観測されるまでは不確定な状態。ですが、人間が観測すると、状態がガチッと定まるといわれます。

ということは、人間が神さまを観測すると、すなわち「ここに神さまがいらっしゃる」と意識すると、そこに神さまという素粒子が生まれます。

神社の鳥居をくぐるとき、どちらの足から入るか？

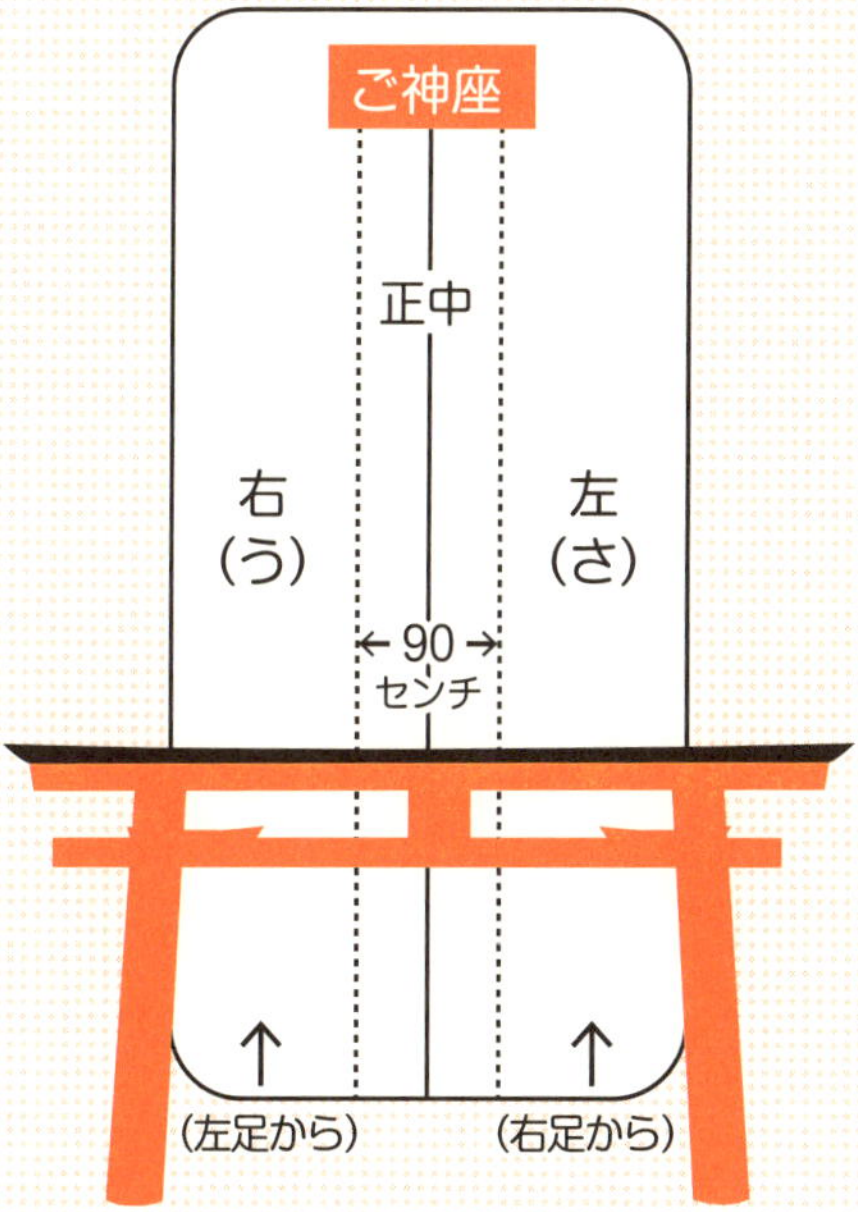

正中を神さまがお通りになっていると、僕たち参拝者が意識することで、本当に神さまがお通りになります。

正中にお尻を向けないことを意識する**参拝者みんなの意識で、神さまが創造されます。**

ひとりの意識よりも、多くの人の意識を合わせた方が、創造のエネルギーも大きく、より状態がガチッと定まりますね。

とはいえ、正中をどうしても横切るときが、あるでしょう。

そのときには……

「ごめんやっしゃ！　ごめんやっしゃ！」と、15度腰をかがめて、正中を横切ります。

「ごめんやっしゃ！」は声に出さなくてもいいです。気持ちです（笑）。

正中の距離は90センチなので、だいたい短く3歩ほど。

この歩き方を「屈行《くつこう》」といいます。

そうすると、神さまも「おー、そうかそうか」と認めてくださるでしょう。

神さまのお姿は見えないので、まるで片思いの相手に接するかのごとくです。
ですが、たぶんお互い片思いなのですよ。
そんな片思い気分を味わえる（⁉）のが、長い参道の神社です。

埼玉県・さいたま市の武蔵一宮氷川神社は、約2キロある日本一の長い参道で知られます。

ここはすでに先ほどご紹介しているので、2番目に長い神社もあげると、長野県・長野市の戸隠神社の奥社です。戸隠神社もすでにご紹介したので、もう一社あげます。

3番目に参道の長い神社は、山形県・鶴岡《つるおか》市にある出羽三山神社の羽黒山参道、約1700メートルです。

出羽三山は、父の崇峻《すしゅん》天皇を蘇我馬子に暗殺され、東北に脱出した蜂子皇子が、三本足の鳥ヤタガラスに導かれて羽黒山で修行し、山岳信仰の聖地を創始した場所。
出羽三山のうち、月山と湯殿山は、標高1500メートル以上の高さで、雪深く、1年を通しての参拝や祭祀は困難です。そこで標高414メートル羽黒山の山頂に、出羽三山の神々を合わせてお祭りする「三神合祭殿」があります。

出羽三山では、山伏修行体験塾が毎年行なわれています。修験道の修行を一般の人も体験できますよ！

参道を歩むことは、生まれる前の自分に戻ること。人生経験でつくられた誤った思い込み「バイアス」を取り去ることです。

長い参道を歩くほど、素に戻り、多くのバイアスを除去する「魂のデトックス」になるわけですね。

神さまがお出ましになる拍手のし方

Success

参道を歩いたら、次は拝殿の前で祈ります。

荷物を置き、ラクな姿勢で拝殿の前に立ちましょう。

おさいせんを払い、鈴があれば鳴らします。

鈴祓いといって、鈴の音にもお祓い効果があります。

さあ、いよいよ祈りです。拝殿の前ではどう祈ればよかったでしょうか。

◎二礼（90度ほど腰を曲げ、頭を下げる）

◎二拍手（二拍手の後に心の中でカンタンに願い事や報告するべきことを唱える）

◎一礼（90度ほど腰を曲げ、頭を下げる）

ですね。これらの動作をまとめて、二礼二拍手一礼《にれいにはくしゅいちれい》、あるいは二拝二拍手一拝《にはいにはくしゅいっぱい》といいます。

ただ、**大分県・宇佐市の宇佐神宮、島根県・出雲市の出雲大社、新潟県・西蒲原郡弥彦村の彌彦《やひこ》神社は、二礼四拍手一礼**です。

拍手4回の神社に共通するのは、たいへん力の強い有名な神社だということ。

明治期に拍手は2回と定められましたが、それを無視できるほど権威がありました（なぜ従わなかったのかは、わかりません）。

これら祈りの動作の意味を、お伝えします。

神さまから見えない知恵やお役目をいただく姿勢は、「拝《はい》」と呼ばれる90度のおじぎでした。

神さまとのデータのやりとりは頭上で行なわれ、そして敬意を示すことで、知恵やお役目をいただけるからでしたね。

では、なぜ90度のおじぎを「2回」なのでしょうか？

2回なのは、「天と地」におじぎしているからです。

神道の用語でいうと、**天上で生まれたアマツカミ（天津神）と、地上の国で生まれたクニツカミ（国津神）におじぎしています。**

そして拍手を2回するのですが、ちょっとしたコツがあります。

おじぎの後、まっすぐの姿勢に戻り、胸の高さで合掌します。

そして、右手のひらを左手のひらより約1関節下にずらして、パン、パンと2回続けて打ちます。けっこうよい音が鳴るでしょう。

この拍手には、「天地創造」の意味があります。

そんな大げさな！　と思われるかもしれませんが、大げさなことです（きっぱり）。

右手を下にずらすことで、天と地に分かれる、つまり天と地の誕生です。

左手は天＝陽、右手は地＝陰です。

同時に、**右手をずらすことは、神さまの世界に通じる「扉が開いた」という意味**です。

神さまの世界への扉が開いた状態で、拍手を鳴らすことは、「来ましたよ～神さまお出ましください♪」ということですね。

手を鳴らして呼ぶのは失礼な気もしますが、「神さまを呼び出す」「神さまへの敬意や感謝をあらわす」「邪気を祓う」といった意味があります。

すると、いらっしゃるわけです。

拝殿から「風」がピューッと吹いてきます。

この**「風」に乗って、神社から見えない知恵やお役目が、僕たちにダウンロードされる**わけですね。

「この神社には神さまがいない」と思ったときは？

拍手の回数は、通常2回。一部の神社は4回でした。

しかし僕は、参拝しても反応がない神社だと、たくさん拍手を鳴らします。

反応がないとは、気を感じない、風が吹かない、「これといって、何の変化も感じない」状態です。

神職さんが常駐せず参拝客もほぼ訪れない、存在を忘れられたような神社だと、こうしたことはたまにあります。

霊感の鋭い方だと、「この神社には神さまがいない」と思うこともあるとか。

ですが、それは「神さまがいない」のではなくて、「神さまが呼び出されていない」

が正確でしょう。ほとんど客のいない宿のようなもので、呼び鈴を鳴らしても、「客が来ないだろう」と神さま方が思っているので、反応がにぶい。だから何度も呼び鈴を押すのですね（笑）。

奈良時代の「内裏儀式」では、ひざまずいて32回も（！）拍手をしたとか。打ちすぎだろうとツッコミたくなりますが（笑）、**それだけパワーを秘めているのが、この拍手という行為なのです。**

拍手を打った後は、右手を元に戻し、合掌した状態でお祈りをします。

右手を元に戻したとき、神さまと人間は一体になります。

奈良時代の話が出たので、奈良市の代表的な神社をご紹介します。

春日大社です。貴族の代表・藤原氏の氏神で、海外の人にも大人気の神社ですね。

春日大社で僕がおすすめなのは、若宮15社めぐり。

本社の右手に広がる参道には、お社が15社あり、ひとつひとつ参拝します。参拝する順番は、春日大社のホームページでご確認いただけます。

あまり参拝する方がいないのが、非常にもったいない。

ぜひ15社めぐりの一番奥にある紀伊神社までご参拝ください。

きっと人生が、底の方で静かに変わる旅になるでしょう。

古神道のカンタンなお清めの呪文

お祓いは神社参拝しないとできない。そうお思いかもしれません。

ですが、古神道と呼ばれる、江戸時代に生まれた神道の形式では、実践的な呪文がさまざまあります。

この古神道の呪文を使うと、ご自身でもお祓いやお清めができるでしょう。

そこで、ポピュラーかつ便利なお清めの呪文をご紹介します。

神火清明（しんかせいめい）
神水清明（しんすいせいめい）
神風清明（しんぷうせいめい）
神心清明（しんしんせいめい）
祓戸大神たち（はらいどのおおかみたち）
祓いたまえ
清めたまえ

※3回以上、かすかな声で唱える

「神火」「神水」「神風」のお祓い道具でお清め！

右ページの呪文をただ唱えるだけでも、お祓いになりますが、道具を使うと、より効果が増します。

「神火」「神水」「神風」それぞれ、対応するお祓いの道具があるのです。

「神火」の道具は、火打石です。

お清めの呪文を唱えた後、火打石で火花を散らします。

使用場面としては、玄関で家族の無事を祈って送り出すとき、土地家屋の浄化、疲れているとき・憑《つ》かれているときのお祓い、魔除け、重要なことをする直前に自分を整えるためになど。

「火打石で人を送り出すの、時代劇で見たことあるなあ」という方も多いでしょう。

じつは現代でも、花柳界や演芸、鳶職《とびしょく》など一部の職人の間では火打石の風習が続いていて、たとえば落語家さんは、高座と呼ばれる芸を演じる一段高いところに上がる前に、火打石を使います。

昭和の落語界で名人といえば必ず名のあがる6代目三遊亭圓生は、毎日、神棚に手を合わせるときに必ず火打石をたたいていました。

火打石が魔除けに使用されるのは、古事記の中でヤマトタケルが、叔母のヤマトヒメからから授かった、袋に入った火打道具を用いて難を逃れた神話に由来します。

火は人の罪ケガレを燃やし、身を清めると、古代より信じられていたのです。


「神水」の道具は、塩湯《えんとう》です。


塩湯は海水に準じた霊水とされ、塩を湯でとかしたものです。

使い方をご紹介すると、まず手の浄化です。**手の指先から「気」が出るとされるの**

で、塩湯に両手をつけて、お清めの呪文を唱えて手を浄化します。

地鎮祭など神道のご神事では、榊《さかき》の葉が5ついた小枝で塩湯を左右左の順に振りかけて、お祓いします。器に入った塩湯を、葉先で軽く飛ばし、お清めの対象に水滴を散らすのです。

部屋の浄化にも使えます。

たとえば旅先でホテルの部屋を浄化するために、お清めの呪文を唱えながら、部屋の角に塩湯や塩水の水滴をかけます。榊の葉の代わりに、割りばしなど日用品を使って水滴を飛ばしてもいいですね。

その他、塩垢離《しおごり》といって、海水を浴びて身を清める習慣もあります。

黄泉の国から逃げ帰ったイザナギは、清らかな川でみそぎをし、三貴子が誕生しました。

このとき、イザナギは海水でみそぎをしたとされます。

塩は、浄化や殺菌に効果があります。

そして水の流れは、火で燃やせなかった人の罪ケガレを、流し去ると考えられたのです。

「神風」の道具は、大麻《おおぬさ》です。

榊の枝や白木の棒の先に、紙垂《しで》と呼ばれる、特殊な断ち方をして折った紙か、麻の繊維でつくった糸を垂らしたものです。

白いヒラヒラした紙が垂れている棒と、イメージしてください。

お清めの呪文を唱えた後、大麻を頭上で振り、その風で罪ケガレを吹き飛ばします。

火で燃やせず、水で流せなかった罪ケガレを吹き飛ばすのです。

ただみなさまの多くは、大麻をお持ちでないでしょう。僕も持っていません（笑）。

そこで別の方法もお伝えします。

ポイントは「風」で吹き飛ばすこと。

お祓いしたいものに対して、お清めの呪文を唱えた後、フッ、フッ、フッと3回勢いよく息を吹きかけるとよいでしょう。

自分で自分をお祓いするのであれば、胸に手を当てお清めの呪文を唱えた後、やはり同じく、ハッ、ハッ、ハッと腹から3回勢いよく息を吐き出しましょう。

「火水風」の呪文と道具を使ったお清めの方法、ぜひ日常でご活用ください。

これで、あなたも「陰陽師」です！


「火水風」など自然の力で、心身をすっきり清める神社をご紹介します。

群馬県・高崎市の榛名《はるな》神社です。


迫力ある巨岩が特徴的で、修験道の修行場として、榛名山は関東三大名山に数えられます。ご祭神は、火の神、土の神、水の神、龍神、山神など。山岳信仰の自然の豊かさで、魂から癒されるヒーリングスポットです。

参拝すると、肌がしっとりうるおって、美容にもよいですよ。

「神火」「神水」「神風」のお祓い道具

「神火」→火打石

「神水」→塩湯

「神風」→大麻

月経中の神社参拝はＮＧ？

本書も終わりに近づいてきました。

神社について講演すると、もっとも多くいただく質問があります。

これにお答えしておかないと、この本を終えられません（笑）。

それは「月経中に神社参拝をしてもいいですか？」というもの。

「ダメって聞くのですが……」と。

最初にお伝えしておきますと、**月経中の参拝ＮＧというルールはありません。**

ただ女性神職さんや巫女さんは、一部の職務に制限がかかります。

月経中の場合、出社はよいけれど、ご神事やお神楽に参加することは禁止のようです。

このような現状を踏まえた上で、僕がよくご紹介するのは、平安時代の有名な女流歌人・和泉式部が熊野詣でをされたときに月経が始まったエピソードです。

平安時代中期、皇族・貴族の間で、**和歌山県・田辺市の熊野本宮大社**に代表される熊野詣でが流行していました。

昔の旅は現代よりもずっと大変で、和泉式部は京の都から300キロの道のりを十数日かけて旅しました。そしてあともう3キロほどの地点で、月経が始まったのです。

平安時代、月経中の女性の神社参拝は現代よりもタブー視されていたことでしょう。「これでは参拝できない」と和泉式部はたいへん残念に思い、歌を詠みました。

「晴れることのないこの心身を示すように、雲が長くただよっている。月経で参拝できなくて悲しい」という意味の歌です。

そして、その夜、「霊夢」を見られました。

熊野の神さまが和泉式部の夢にあらわれ、そして歌を返されたのです。

「もともと俗世間と交わる神なので、月経も何とも思わないよ」という意味でした。

それで和泉式部は安心して参拝されたのでした。

熊野本宮大社の境内にある「和泉式部祈願塔」に、このことが記されています。

もっとも事実という記録はなく、鎌倉時代に熊野信仰を布教した人たちが、**「熊野の神さまは、女性を嫌わない」と伝えるために和泉式部を題材に物語としたた**ようです。

これも「神話」の一種ということですね。

聖地の多くは女人禁制の時代でした。しかし、この物語により熊野の神さまは女性に寛容であると、多くの女性が参拝するようになったのです。

行動をためらってしまうとき、心のブレーキを外す神社

神道では従来、「神さまは血のケガレを嫌う」とされました。

ケガレは「穢《けが》れ」、あるいは気が枯れる「気枯れ」と解釈され、ケガレの状態で神社参拝すると、神さまが嫌う、神さまの力が弱まるとされたのです。

でも、熊野の神さまはケガレを嫌わない。

それはハンセン病患者たちが、熊野詣でを志したことでも知られます。

かつてハンセン病は不治の病でした。

仏教では前世における罪や因縁と説かれ、自業自得とされました。

ハンセン病にかかった者は、家族に迷惑をかけるからと、深夜ひそかに旅に出て、

あとは野宿で物乞いし、野たれ死にを待つばかりだったのです。

ですが、熊野信仰を布教する集団についていくと、ハンセン病患者も食にありつくことができました。前世の罪も消えるとしていたので、精神的にも救われたのです。

不浄とされ差別された病人たちにとって、熊野の神さまは数少ない味方でした。

そして、熊野の湯の峰温泉で湯治をすると、もしかしたら奇跡の回復が起こるかもしれない。

そんなかすかな希望もあって、熊野詣でを志したのです。

熊野の神さまは、「弱き者」「しいたげられし者」の味方です。

心にブレーキがかかって行動をためらうとき、熊野の神さまは「気にせんから、やれ」と背中を押してくれるでしょう。

ちなみに女性の立場から妻の意見を聞くと、月経中の女性は体がつらいから、休んだ方がいいというものでした。

月経中は、いわば「みそぎ」を受けているようなもので、神社に行かなくとも「お祓い」になっているということです。

肉体的・精神的に疲労を感じているとき、無理して神社参拝する必要はありません。

でも、参拝したければすればいい。

神さまが罰を与えたり嫌ったりすることはありません。あなたの体調や気分とご相談して決めてください。

熊野信仰が、全国の都道府県でもっとも盛んなのは、どこだと思いますか？

沖縄県です。琉球王国から特別の扱いを受けた琉球八社のうち、じつに七社が、熊野の神さまをお祭りしています。

琉球八社の中でももっとも重要な神社と位置づけられたのが、那覇市の波上宮《なみのうえぐう》。

目の前に海が広がり、崖の上に立つ神社です。

１９４４年、波上宮は米軍の砲撃で全焼しました。その後、１９６８年5月、波上宮の宮司さまは熊野を訪れ、あらためて熊野速玉大社と熊野那智大社から分霊を受けられたとのこと。

熊野の神さまは、しいたげられた人々の封印をずっと解いてきたのです。

神と仏の愛の交換日記

琉球八社は、どこも神社とお寺がセットで、典型的な神仏習合です。

神仏習合とは、日本神道と仏教が混ざって、ひとつの信仰になった状態です。

僧侶が神社に奉仕し、神社のご神体が仏像のこともありました。

明治維新の際に、神仏習合を禁止する神仏分離令（神仏判然令）が出るまで、日本は１０００年以上、神仏習合だったのです。

仏も神さまの一種。そうやって仏教を受けいれました。

だって、日本は八百万の神々の国だから。

他の宗教の神も、日本の神さまに取り入れたくなるのです。

神さまを取り入れるだけではありません。**鳥取県・米子市の日吉神社は、鳥居をくぐると、参道に踏切りが！**　JRの列車が目の前を走っていきます。もちろん、ただのおもしろ神社ではなく、静かに整う素晴らしい空間です。

さあ最後に、神道と仏教の違いを解説して、本書を終えましょう。

これもよくいただく質問なのです。

「神社とお寺って何が違うのですか？」と。

結論を言う前に、両者の違いをあらわす数字をご紹介しましょう。

神社が全国にどれだけあるかご存じでしょうか？

文化庁の『宗教年鑑』（平成29年版）によると**約8万5０００社。**神社本庁の神社数は、約7万9０００社です。

全国のコンビニの数は、２０１８年7月で約5万5０００店ですから（日本フランチャイズチェーン協会調べ）、**神社はコンビニより数が多い**です。

そして、**お寺の数は約7万7000寺。**

神社の数も、お寺の数も、さして変わりませんね。

では、勤務している人数はどれくらいでしょうか？

同じく文化庁の『宗教年鑑』によると、**お寺の僧侶は、約34万6000人です。**

一方、神社本庁の神社に勤める**神職の数は、約2万2000人です。**

神社とお寺の数はほぼ同じなのに、働いている人の数は、お寺の方が15倍以上多いのです。

この違いはいったいどこから来るのでしょうか？

学校にたとえると、**神社は教師のいない学校**なのです。

教師はおらず、用務員と事務員しかいません。

一方、お寺には仏の教えを伝える僧侶という教師がいます。

教師がいないということは、**日本神道には教科書もありません。**

教科書とは体系的な教え。宗教用語で教典と呼ばれるものです。

一方、仏教にはお釈迦様の教えを始め、有名な僧侶の教えを中心に多くの教科書がつくられてきました。


教師のいない学校を想像してください。

生徒は「永遠に自習」です。

教科書があれば、それを読むこともできますが、それもないのですから「永遠の休み時間」です。

もしも学校が「永遠の休み時間」だったら、あなたは何をしますか？

そこを問うのが神社です。日本の神道です。


永遠の休み時間に、「素のあなた」があらわれます。神さまとしてのあなたです。

何をしてもいい。さあ、何をしますか？

遊びますか？　いいですね！　何をして遊びましょう？

いや、ずっと寝てたいなー。いいですね！　いつまでも好きなだけ休んでください。

あなたは何をしてもいいのです。


宗教やスピリチュアルの世界で、よく問われることがあります。

「あの人は、本物？　ニセモノ？」

「あの人は、本当のことを言っている？　それともウソつき？」

「あの人は、真理を悟っている？　全然わかってない？」

不思議な能力が本当にあるのか？　この世の真理をわかっているのか？　そのジャッジが入るのが、目に見えない世界です。それも必要でしょう。よく見きわめてください。


同時に、神社に参拝したら、あなたは問われます。

「あなたは、本物？　ニセモノ？」

「あなたは、本当のことを言っている？　それともウソつき？」

「あなたは、真理を悟っている？　全然わかってない？」

あなたが本物になればいい。
あなたが本当のことを語ればいい。
あなたが真理を悟ればいい。
教師も教科書もない場所とは、そういう場所です。

おのれの感覚が、教師であり教科書。
その感覚をみがきあげる場が、神社です。

私が本物になればいい。
私が本当のことを語ればいい。
私が真理を悟ればいい。

神社には過去の知恵と、未来への希望があります。知恵と希望のデータを、ダウンロードしに来てください。
いまここ、この瞬間を、どう生きるかは、仏の知恵。仏の知恵とは、物事のとらえ方です。

神は未来と過去、仏はいまこの瞬間。

あなたの神と仏がまじわるとき、人生の歯車がピタッとかみ合います。

神仏習合。神道と仏教の役割分担は、見事です。

神と仏の愛の交換日記、はじめてみませんか？

本物になって、本当のことを語りましょう。真理はあなたの胸の内にあるのだから。

巻末特別付録

神さまと“本気で”つながる!

リュウ博士流・神社参拝の方法

登場人物

《ヤタ美》

八咫烏《やたがらす》の化身。
ドラゴンくんに差をつけられ、
ちょっと自虐気味。

《DJドラゴンくん》

龍神の化身。
最近ますます
調子に乗っている。

《リュウ博士》

この本の著者。

どーもー。DJドラゴンです！
1,2,3 Let's go!
巻末特別付録として、リュウ博士の参拝法を紹介するぜ！
あ、どうもリュウ博士です。
加速する龍ブームで、チャラいドラゴンが出てきたぞ…。
本や雑誌で龍の特集多数
ようやく出番かーーー!!!
ギャーー！
ヤタガラスブーム、まだ？
誰かヤタガラス本、つくってあげて〜。
よし、次回作は『成功している人は、なぜヤタガラスを大事にするのか』…。
あ、やっぱり、ヤタガラスで1冊は書けないわ〜。
書くのかと思ったら、書かんのかい!!
Oh my God!
ぐりぐり

Step 1 参拝する前には、下調べと同伴者決め

① 下調べ

これから参拝する神社の「歴史」を調べます。ホームページを見る、ウィキペディアで情報を確認するなど。交通アクセスを確認するだけでなく、どんな神さまが祭られているのか、いつ頃に建てられたのか、**どんなご利益があるとされているか、ざっと調べます。**

営業する場合、訪問前に営業先のことを調べるのは、礼儀であり戦略です。営業でなくとも、人とちゃんと関係を築きたいと思う場であれば、どんな人なのか、どんな組織なのか、調べることでしょう。それは「興味」があるからですよね。

神社参拝も同じで、いったいどんな神社で、どんな神さまがお祭りされているか、興味をもちましょう。そうすると、「神さまもあなたに興味をもつ」のです。

② 誰と行くか

もし可能なら、あまり訪問したことのない神社は、**地元の人や、その神社によく行っている人と参拝しましょう。**なぜなら、その人たちは「神さまと親しい」からです。

見知らぬ誰かにコンタクトを取ろうとするとき、その誰かと親しい人に仲介してもらった方がうまくいくことは、多くの人がご存じでしょう。特に、大きな影響力や権限をもつ人物は、多くの人がコンタクトを取りたがるため、信頼できる人物の仲介でないと、なかなか会えません。たとえ会えても話をちゃんと聞いてもらえないものです。

神さまとの関係も同じことで、よく参拝している人にご案内してもらうことで、あなたも神さまと深くコンタクトしやすくなります。

この神社は龍神が祭られているのか～なるほど。
地元だよね？一緒に行こうよ。
・・・・
しょうがないな～（照）。
ヤタ美はツッコミ、でもツンデレ！
いちいちリリック刻むな！

Step 2 鳥居をくぐる前に、15度のおじぎ

鳥居をくぐる際、立ち止まり、神社の中に向かって軽く頭を下げましょう。**腰を15度曲げて、約1秒間おじぎします。**この15度のおじぎは、「区切り」を意味します。何か動作を起こすときや、動作が終わったときの「区切りの礼」です。

神社の入口である鳥居の前で軽くおじぎすることで、「これからご神域に入ります」「神さまのご神徳=ご利益を受けとります」と、心の準備・受けとる器が整います。

Step 3 鳥居をくぐるとき、向かって左側から入るなら左足から入る

鳥居をくぐるとき、どちらの足から入るのか、神職の方たちの決まりがあります。**向かって右側から入るとき、右足から入ります。逆に、向かって左側から入るとき、左足から入ります。**

参道の真ん中にお尻を向けないように入るのです。参道の真ん中は「正中《せいちゅう》」と呼ばれる神さまの通り道。失礼のないようにという考えです。

向かって左側から入る人が多いのは、そちらの方が、位が低く、尊くないからです。向かって左側は神さまから見て右側、向かって右側は神さまから見て左側。神さまから見ると、左の方が、右より位が高く、尊いのです。左大臣と右大臣では、左大臣の方が、地位が高いのも同じ理由です。

どちらから入っていただいてもよいのですが、他の参拝客と足並みをそろえていると、自然と向かって左側から入るよう、うながされるでしょう。手を洗う「手水舎《ちょうずや》」も、向かって左側にある神社が多いです。

Step 4　参道を歩くとき、左右のどちら側に寄って歩く

前述しましたが、参道の真ん中「正中」は神さまの通り道です。左側か右側に寄って歩きましょう。

でも真ん中を通ったからといって誰にも怒られないので、ご安心ください（笑）。混んでいるときは真ん中でも歩かざるをえないことはありますし、気がつくと真ん中を歩いているときもあるし、道を横切るときもあります。

神さまの通り道が真ん中にある、と「意識」することが大事なのです。思考は現実化するといいますが、**「神さまがこちらを通っていらっしゃる！」と思考することで、神さまの通り道があるという現実がつくられるのです。**

なお、もし道を横切るときは、人の前を通るときのように「失礼します」という気持ちで、腰をちょっとかがめて通るとよいでしょう。ほんの3歩ほどでよいです。腰をちょっとかがめて歩く動作を、「屈行《くっこう》」といいます。

Step 5 参拝前に、手水舎で手を洗い、口を清める

参拝する前に「みそぎ」をします。神さまの前に出る前に、身を清めるということですね。

本来なら、全身に水をかぶる、川などに全身をつけるといったことをするようですが、それをもっと簡略化したのが、手水舎で、手を洗い口を清めることです。

① ひしゃくを右手で持ち、水をくむ
② 左手を洗う
③ 右手を洗う

④　左手に水を受け、口をすすぐ

⑤　左手を洗う

⑥　ひしゃくを立てて、柄を洗う

これら一連の動作で、ポイントがあります。**水をくむのは1回だけ。②～⑥は、1杯の水だけで行ないます。**したがって、②～⑥はそれぞれ、ごく少量の水しか使いません。

左手を先に清めるのは、左の方が尊いという神道の考えからです。口をすすぐのは、衛生面で気になる人もいるでしょう。すすいだフリでかまいません。僕は、唇まわりを少し水でぬぐう程度で、口の中に水は入れません。

Step 6　拝殿の前にてお祈りする

拝殿前でのお祈りは、次の順番で行ないます。

①　おさいせん箱の前で、神さまに向かって15度のおじぎ

②　鈴があるときは、鈴を鳴らす

（鈴を鳴らすことは「鈴祓《はら》い」といって、お清めの意味があります）

③ おさいせんを、「そっと」入れる

（大事なものをささげる行為なので、乱暴に投げ込んではいけません）

④ 2回深くおじぎ

（天の神さまと、地の神さまにおじぎしています）

⑤ 胸の高さで両手を合わせ、右手を第1関節だけ下にずらして、2回拍手をする

（二拍手の後、両手の指先を合わせます。動作にはそれぞれ意味があります。右手を下にずらし、左手を上にすることで、天地が分かれ神さまの世界の扉が開きます。左手が天、右手が地です。拍手をすることで神さまが呼び出されます。そして両手の指先を合わせることで、神人合一《しんじんごういつ》、つまり神さまの私と人間である私とのエネルギーが一体化します）

⑥ 心の中で祈る

（住所と氏名を告げ、ここに参拝できたことへの感謝を伝えます。そして「はらいたまえ　きよめたまえ　かむながら　まもりたまい　さきわえたまえ」と唱えましょ

う。この言葉の意味は、「罪・けがれをとりのぞいてください。神さまのお導きで、どうぞお守りください。幸せにしてください」です。この祈りはあくまで僕の場合です。住所と氏名を告げた後は、みなさまのお好きなように、気のすむようにアレンジしてくださってかまいません）

⑦もう1回、深くおじぎ

⑧最後にもう1回、15度のおじぎをし、拝殿の前から退く

Step 7 「おみくじ・御朱印帳」は参拝後にいただく

おみくじをひく、御朱印帳に御朱印をいただくのは、拝殿前での参拝が終わってからにしましょう。たくさんお社のある神社もありますが、主祭神が祭られているもっともメインのお社を

やったー大吉だ！
リュウ博士、盛り上がってるね～。
吉凶より、メッセージが大事じゃないんかい！
Everybody hands up!

参拝してからです。

おみくじは「神さまからあなたへのメッセージ」です。参拝する前にメッセージをひいても、「あなたへ」のメッセージになりません。おみくじ自体は、文字が記されたただの紙切れ。**重要なのは、その文字のメッセージです。**ちゃんと参拝して神さまにご挨拶してから、メッセージをいただきましょう。

そして御朱印は「参拝した証《あか》し」です。神社の主祭神にお祈りする前にいただくものではありません。もちろん参拝しなくとも、社務所や授与所と呼ばれる場所で、御朱印をいただくことはできます。ただ、神さまから受けとる「ご神徳＝ご利益」は、個人によってカスタマイズされています。参拝してから御朱印をいただくと、この御朱印自体にも、**あなた用にカスタマイズされた「ご神徳＝ご利益」「見えないお力」が宿ります。**

ぜひ、きちんと参拝されてから、おみくじをひくなり、御朱印をいただくなりすることをおすすめいたします。

Step 8 帰るときも、参道の左右どちらかに寄って歩く

来たときと同じように、参道の真ん中は避けて、左側か右側に寄って歩きましょう。

来る人とぶつからないようにすると、おのずと神さまから見て左側を歩くことになるでしょう。神人合一した後なので、あなたの位が上がっているのです。

Step 9 鳥居を出るときは、15度のおじぎをする

鳥居を出たら、立ち止まり、神社の中に向かって軽く頭を下げましょう。

また**腰を15度曲げて、約1秒間おじぎします。**

「参拝させていただき、ありがとうございました」という感謝と、「これから現実界でお役目を果たします」という意識に切り替える「区切りの礼」です。

エピローグ

神社で受けつぐ「見えないバトン」

なぜ、神社は2000年以上も存在するのか？

本書を最後までお読みくださってありがとうございます。神社の裏の裏を知ったいま、どんなお気持ちでしょうか。

なぜ、神社は2000年以上も存在するのか？
なぜ、神社はコンビニよりも数が多いのか？

その理由は、本書を通しておわかりいただけたのではないでしょうか。
その理由を、最後にここで一言でまとめると、
神社には「見えないバトン」があります。
「先人たちの思い」という名の見えないバトンです。

そのバトンには、先人たちが後世の人に託した「見えない知恵」や「大事にしたいこと」「やり残した課題」がふくまれています。

そのバトンを受けつぐのは「あなた」です。

神社に参拝し、そのバトンをダウンロードしてください。あなただからこそ受けつぐべきバトンが、神社にあります。もちろん僕自身も、バトンを受けつぐ「ひとり」。

この日本という国で、この地球という星で、あなたも僕も、周りの人々も、一緒にバトンを受けつぐ仲間です。

神さまに応援されるたったひとつの方法

神社に神さまを祭る日本神道は、かなり変わった宗教です。

教祖もいなければ、具体的な教えを記した教典もありません。

布教活動といわれる宗教的な勧誘もありません。

神社に参拝しても、神職さんや巫女《みこ》さんは、神さまに奉仕をしているか、お守りなどの販売事務や各種受付を、ただ静かにしているだけ。

「このお守り、いいですよ！」

なんておすすめされたこともないでしょう（笑）。

参拝客のことなんて、見ていないんです。

神さまのことしか見ていない。

それが日本の神道という「道」です。仏教やキリスト教など、宗「教」とは違うところです。

教えはなく、ただ「道」がある。

あなたは、あなたの道を歩いてください。よそみしているヒマなんてありません。

あなたは、あなたの中の神さまのことだけ見ていればいい。

あなたは、あなたの道を歩いてください。

それが「神さまに応援されるたったひとつの方法」です。

それが日本の神道なのです。

最後に、本書を出版するにあたって、妻との出会いは、僕にとって本当に大きな学びとなりました。本書の制作には、約2年半の年月がかかっています。しかし最初の1年半は、ただ書けずに苦しんでいただけ。実際に書きはじめられたのは、妻との結婚後です。

同じ作家で、古神道を学んでいた妻の発想や行動は、僕のインスピレーションを大いに刺激し、本書を生み出す原動力となりました。深く感謝しています。

神さまのことを書いた本ですが、人との出会いがなければ、この世では何もできません。

多くの人のご尽力・ご協力・はげましのもと本書はできあがりました。
関わってくださったすべての方々に感謝申し上げます。

リュウ博士こと八木龍平

二〇一八年十月

参考文献

- 『生き方――人間として一番大切なこと』（稲盛和夫著／サンマーク出版）
- 『お金に縁のある人、ない人の心理法則』（内藤誼人著／ＰＨＰ研究所）
- 『革命のファンファーレ――現代のお金と広告』（西野亮廣著／幻冬舎）
- 『嫌われる勇気――自己啓発の源流「アドラー」の教え』（岸見一郎、古賀史健著／ダイヤモンド社）
- 『幸福の習慣』（トム・ラス、ジム・ハーター著／ディスカヴァー・トゥエンティワン）
- 『サイコシンセシスとは何か――自己実現とつながりの心理学』（平松園枝著／トランスビュー）
- 『主要５因子性格検査ハンドブック――性格測定の基礎から主要５因子の世界へ』（村上宣寛、村上千恵子著／学芸図書）
- 『神道事典』（國學院大學日本文化研究所編／弘文堂）
- 『神社は警告する――古代から伝わる津波のメッセージ』（高世仁、吉田和史、熊谷航著／講談社）
- 『スタンフォードのストレスを力に変える教科書』（ケリー・マクゴニガル著／大和書房）
- 『成功している人は、なぜ神社に行くのか？』（八木龍平著／サンマーク出版）
- 『その科学があなたを変える』（リチャード・ワイズマン著／文藝春秋）
- 『地域に対する愛着の形成機構――物理的環境と社会的環境の影響』（引地博之、青木俊明、大渕憲一著／土木学会論文集 D, 65(2), pp.101-110）
- 『「地域風土」への移動途上接触が「地域愛着」に及ぼす影響に関する研究』（鈴木春菜、藤井聡著／土木学会論文集 D, 64(2), pp.179-189）
- 『長生きの統計学』（川田浩志著／文響社）
- 『ネガティブがあっても引き寄せは叶う！』（ＭＡＣＯ著／大和書房）
- 『脳はなにげに不公平――パテカトルの万脳薬』（池谷裕二著／朝日新聞出版）
- 『東日本大震災の津波被害における神社の祭神とその空間的配置に関する研究』（高田知紀、梅津喜美夫、桑子敏雄著／土木学会論文集 F6(安全問題), 68(2), pp.I 167-I 174）
- 『三峯、いのちの聖地』（中山高嶺著／ＭＯＫＵ出版）

八木龍平（やぎ・りゅうへい）のプロフィール

1975年、京都市生まれ。Doctor of Philosophy（Ph.D.）の学位をもつ科学者にして、触覚型の霊能者。2006年11月、博士論文の執筆で追い込まれていた深夜、寮の自室に仏さまの映像があらわれ、メッセージを聴く神秘体験をする。以来、見えない“気”に敏感になり、霊的な能力が開花する。富士通研究所シニアリサーチャー、北陸先端科学技術大学院大学・客員准教授、青山学院大学・非常勤講師を経て、現在は武蔵野学院大学・兼任講師（担当科目：情報リテラシー）をつとめるかたわら、「リュウ博士」として、ブログやセミナーで見えない世界について執筆・講演。心理学・統計学の視点と、自身の霊能力にもとづく視点をあわせたいままでにない解説が好評を得ている。著書にベストセラーとなった『成功している人は、なぜ神社に行くのか？』（小社刊）がある。

リュウ博士の自分で考えるスピリチュアル
http://ameblo.jp/shoutokureiki

成功している人は、どこの神社に行くのか？

2018年12月15日 初版印刷
2018年12月25日 初版発行

著　者　　八木龍平
発行人　　植木宣隆
発行所　　株式会社 サンマーク出版
〒169-0075
東京都新宿区高田馬場2-16-11
（電話）03-5272-3166

印刷・製本　中央精版印刷株式会社

ISBN978-4-7631-3734-0 C0039
ホームページ http://www.sunmark.co.jp